高雄捷運小旅行

在地人才知道的深度漫遊！

沿線迷人風景　巷弄老店　藝術文創　人氣美食

最有意思的散步地圖全提案！

本書所列旅遊相關資訊，以 2020 年 11 月為基準。資訊因時因地會調動，出發前請利用書中的網址再次確認。

高雄捷運小旅行：邂逅在地美好時光！

高雄與我的關係，現在仔細回想起來，應該是有一條看不見的線，從小就將我和這裡繫在一起。我在台南生長，不過有不少親戚住在高雄，包括年齡與我相近的堂弟們，這是我與高雄最早的因緣。故鄉台南在 1980 年代還遠不如高雄繁華，假日父親總喜歡開車載著全家人一路往南，到澄清湖、春秋閣、大統百貨、堀江、地下街、藍寶石等名所休閒遊憩，如今成了我童年最顯明的回憶，家裡泛黃的老照片也多以這些地方為背景，反倒台南的片段少了些。

與高雄產生更深連結、進而成為人生第二故鄉的轉折是在服役期間，1999 年下部隊抽籤抽中位於六合路的憲兵隊，隨即被分配到壽山上，歷經澄清湖旁的鐵衛營區，最後在衛武營數完饅頭，然而退伍並不表示自此離開，職涯的第一份工作就從高雄出發，晃眼之間竟也過了 21 個寒暑。

童年對高雄的回憶固然美好，然而實際在此生活就又是另一回事了，每當假日結束從台南返回高雄，只要聞到刺鼻的味道就知道已到楠梓，是從五輕飄散的化學氣體，加上混雜的交通，坦白說心裡對高雄是有些排斥的，因此說來慚愧，在高雄定居生活許久，對這裡的了解始終淺薄表面，或許是血液中帶著府城人莫名的驕傲，總覺得過去有著文化沙漠之名的重工業大城少了些底蘊，沒有什麼值得一顧的地方。

我想起吉田修一在《路》寫到的：「東京也好，台北也好，若想挑毛病，比比皆是。只是，如果有意識地尋找美麗的事物，一樣也是俯拾可見。」當時的我大概就

是那專挑毛病的人吧。直到 10 年前接觸了「十鼓橋糖文創園區」，從這日治時期台灣第一座現代化糖廠的創建，開始連結到鐵道、港口與老建築，這才發現原來打狗的發展歷程這麼精彩，比小說的情節還動人。

2020 年對高雄來說是非常特殊的一年，歷經 3 次大型選舉，讓高雄屢屢成為全國矚目的焦點，然而對高雄發展史而言更具意義的，是在整整 100 年前的 1920 年，台灣總督府辦理地方制度改正，「打狗」自台南廳脫離，獨立置州並改稱「高雄」，小漁港的打狗時代正式走入歷史，高雄粉墨登場。

從最早的鐵道建設開始，總督府接續投入大規模的築港計畫，徹底將高雄港改造成真正的良港，同時利用築港疏濬的泥沙，填出哈瑪星、抹平鹽埕的鹽田，然後在上面劃出整齊的街道、佈設電信、電力、自來水等基礎建設。日本在第一個海外殖民地的南方一隅，一步步實現其打造理想城市的藍圖，也為高雄奠下往後數十年的發展基礎。

如今讀起這段歷史，依然讓我感到有些不可思議，因為不知要以怎樣的決心和毅力，才能如此大刀闊斧的投注這台灣發展史上罕見的人力、物力與財力。如今高雄的觀光也受惠於日本 50 年治理期間所留下的諸多建設，舉凡鐵道、車站、港口、駁二、燈塔、壽山、歷史博物館、高雄川（愛河）、糖廠、眷村、無線電信所，甚至連輕軌行走的路線，都與這段歷史脫離不了關係，很難想像現在的高雄若少了這些，會多麼失色乏味。

然而對台灣和全世界來說，2020 年更是難熬的一年，突如其來的疫情打亂了每個人的生活步調。在前一本拙作《去東京自助旅行》中，曾提到書寫東京並非計畫中的事，這次以高雄為題，對我而言更是從沒浮現過的想法，一次也沒想過。不過人生中似乎沒有絕對的事，2 月底對今年的東京之行斷了念頭，在 3、4 月武漢肺炎最嚴峻期間，我也如同其他人，盡量減少遊憩與遠距離移動，但為了不要悶壞，每個週末還是到市區不同景點來趟小旅行，也許是人潮變少，也許是心境與認知上的改變，我發現高雄有許多地方其實很美好，也成了寫這本書的契機。

如今，能以高雄為題書寫並順利付梓，則讓我感到無比慶幸，因為藉由寫作的機會大量閱讀相關文獻書籍，梳理百年前這段發展歷史，加深了我對高雄的認識，這種喜悅與收穫是難以言喻衡量的。

這次寫作的時間不長，週間晚上埋首於筆電與成堆的資料，週末則背著兩台相機走訪書中提到的各景點，每一天都過得緊湊與充實。能順利完稿，我要感謝我的另一半 Lynn，在異常炎熱的今年夏天陪我走遍每個地方，發揮比我更好的敏銳度和觀察力，讓我不致於錯過一些精彩的角落和細節，同時我也要感謝長期合作的創意市集編輯李素卿小姐的信任與提案，讓我有再次認識高雄的機會。

這本書以高雄捷運和輕軌為主要運具，帶著大家利用大眾運輸探訪沿線景點，介紹時亦盡可能結合過往歷史，並以淺顯的文字敘述，期望將我所認識的高雄分享給讀者，使旅遊多點探索與發現的樂趣。

90 年代經典日劇《長假》主角瀨名秀俊有句台詞説得很好：「人總有不順利或疲倦的時候。在那種時候，就把它當成是神賜給我們的休假。不必勉強衝刺，不必努力加油，一切順其自然。等待假期過後，一切，就會好轉。」在不知何時才能看到終點的疫情結束前，也許就不要勉強，更不要捨近求遠，先來一趟高雄捷運小旅行吧，等到疫情過後，相信一切會好轉的。

Aska

樂遊橘線

高雄輕軌玩更多 ●

高雄．捷運全攻略

高雄捷運路線圖

R 紅線(南岡山-小港)

O 橘線(西子灣-大寮)

C 輕軌(籬仔內-哈瑪星)

高雄捷運的電聯車採 3 節編成

北高捷運大不同

●── 路線以顏色命名

台北捷運以地名來為各條路線命名，像是板南線、淡水信義線、文湖線，和東京地下鐵的作法比較接近，高雄捷運則以顏色命名，兩條路線就分別稱為「紅線」、「橘線」，簡單明瞭。其實十字型交叉的高雄捷運，如果以南北線、東西線來命名似乎也很貼切。

●── 車廂只有 3 節

高雄捷運採重運量設計，和台北捷運相同（文湖線除外），然而因為都會區人口較少的關係，捷運車站雖然與台北捷運一樣都以 6 節車廂的長度設計，但實際運行的電聯車都採 3 節編成，因此搭乘時請務必在前 3 節車廂的位置候車，後面的月台門可是不會開啟的。

車輛統一規格

高雄捷運的電聯車全部都由德國西門子公司設計製造，全車隊 42 列車，每一列都長得一模一樣，車廂內座椅一率採面對面的長條座椅，和台北捷運的座位編排不太相同。座椅都是綠色，博愛座並未以不同顏色來區別，而是以貼紙標註在座位上方，高雄的乘客已經很習慣並能清楚辨識，通常會將座位空出，讓給有需要的人。

只有一個轉乘車站

高雄捷運紅、橘兩條路線在美麗島交會，只有一個轉乘站，而且兩條路線僅相隔一個樓層，比起台北捷運重運量轉乘文湖線，要利用漫長的手扶梯上下好幾層樓，高雄捷運的轉乘輕鬆多了。

車廂內較閑散

即便是上午尖峰時段，高雄捷運也不會擁擠到和其他乘客前胸貼後背，日本東京所謂的「通勤地獄」畫面絕對不會上演（大型演唱會和跨年晚會的散場輸運除外），橘線更幾乎全日都有座位，雖非業者所樂見的景象，但搭乘高雄捷運通勤通學顯然愜意許多，對於攜帶自行車也沒有車站及時段上的限制。

1 | 2

1. 高雄捷運博愛座未以不同顏色來區別
2. 高雄捷運座椅採面對面長條座椅

優惠票價

● 高鐵 + 高捷聯票

高鐵 + 高捷聯票

不用上網搶高鐵的早鳥票，只要購買高鐵高捷聯票，就能享受高鐵票 75 折的優惠，是從中北部搭乘高鐵前來高雄暢遊最超值的票種。搭配的高捷聯票（490 元）很實用，包含高雄捷運二日卡、旗津渡輪來回船票、新宇自行車三小時租用券 1 張，另贈送打狗英國領事館門票 1 張、棧貳庫旋轉木馬搭乘券 1 張、鈴鹿賽道樂園（自由搖滾、摩天輪與自由落體）三項設施搭乘券各 1 張，總價值達 859 元。

以從台北出發到高雄為例，高鐵標準車對號座來回票即需 2,980 元，高鐵 + 高捷聯票只需 2,720 元，即便不使用聯票都划算。購票時需先上 ibon 售票系統網站訂購劃位，然後再到 7-ELEVEN 取票。

● 信用卡搭車

持信用卡要感應自動閘門的特定位置

只要持有感應式信用卡（卡片上有))) 符號者），就能直接感應閘門進站，不用再購買單程票。各家銀行為了爭取消費者使用，不定時會推出各種優惠，最高可回饋 100% 的車資。

● 旗津逐風踏浪趣套票

旗津逐風踏浪趣套票

高雄捷運最受歡迎的一張套票，包含兩張捷運單程票，能以西子灣站或鹽埕埔站為起迄站各搭一次、鼓山棧貳庫往返旗津渡輪來回票、白色旋轉木馬搭乘券，以及 3 張優惠券。套票在任一捷運站都能買到，售價 130 元，搭乘捷運時只要將套票交給服務台人員，即可兌換單程票 Token，然後感應自動閘門進站，出站時投入閘門回收。

糖廠輕旅行套票

和前一款一樣都是長銷的套票，售價 110 元，包含兩張捷運單程票，可從任何一站搭乘捷運前往橋頭糖廠站或青埔站，並限定從這兩站搭車離開，以及五分車來回票（假日）或自行車租賃券（平日）、台糖冰棒兌換券，還搭配幾張優惠券，到橋頭糖廠暢遊推薦可購買這張套票。

糖廠輕旅行套票

24 & 48 小時效期卡

高雄捷運也跟上東京地下鐵的腳步，開始發行 24&48 小時的效期卡，24 小時 150 元、48 小時 250 元，購買後經驗票閘門感應開卡，並開始起算時間，即便下午才抵達高雄也可以購買，不用擔心只能用到當天營運時間結束而浪費車資。卡片無法另外加值作為小額消費使用，效期結束可作為旅遊紀念，高雄捷運公司不時會更新版面增加卡片的收藏價值。

1	1.24 小時效期卡
2	2.48 小時效期卡

高雄輕軌周遊二日套票

套票包含捷運加輕軌 2 日效期，以及可免費使用多達 17 項設施或交通工具的兌換券，設計的概念類似「大阪周遊卡」，提供多樣選擇，旅客可挑選自己喜歡的設施，990 元的票價看起來似乎偏高，但只要使用其中幾項就能夠值回票價。可在捷運美麗島站、高雄車站、左營站旅諮台等實體通路及高捷市集網站購買。

網站

高雄捷運票卡專區

🌐 www.krtc.com.tw/Ticket/joint_ticket_list

也許你還不知道

```
1 | 2
3 | 4
```
1. 天工開物（橋頭糖廠站）2. 台灣西打 - 鹽庭尋常榜（鹽埕埔站）
3. 海洋之心（三多商圈站）4. 快樂遊獅甲（獅甲站）

公共藝術

　　高雄捷運在設計時即規劃每站都設置公共藝術，共邀集 30 位國內外藝術家為各車站量身打造藝術作品。展現的型式與素材非常多元，舉凡書法、照片、金屬雕刻、彩色琉璃、陶土、馬賽克鑲嵌、玻璃等，都轉化為能與地方特色結合的公共藝術，也為生硬的車站增添許多繽紛的色彩。

　　其中大型作品有美麗島站「光之穹頂」、高雄國際機場站「凝聚的綠寶石」、橋頭糖廠站「天工開物」等，都是台灣車站公共藝術的經典之作，其他像是獅甲站的「快樂遊獅甲」、鹽埕埔站「台灣西打 - 鹽庭尋常榜」、鳳山站的「蒼穹光舞」，也都是結合匯聚民眾的生活與記憶的精彩作品，值得細細品味。

車站地景音樂

到日本東京搭乘 JR 山手線，想必很多人對於每座車站都有不一樣的離站警示音（発車メロディ）感到印象深刻，高雄捷運也參考日本鐵道系統，為全系統每一座車站譜出專屬樂曲。

高雄捷運的車站地景音樂，由曾經入圍第 52 屆美國音樂葛萊美獎最佳傳統世界音樂專輯的「十鼓擊樂團」擔當創作，每一首音樂均依各站站名或當地特色打造，短短 10 秒卻極盡巧思。例如高雄車站的《奔馳》，洋溢輕快跳躍的律動；美麗島站的《Formasa》，以嗩吶的吹奏，譜出美麗之島人民的熱情及生命力；獅甲站的《獅甲風華》就像醒獅鑼鼓；西子灣站的《海之喃》，則將海灣浪花拍打的畫面交織成樂章，曲曲悅耳動聽，下回搭車時不妨仔細聆聽，這些優揚的樂聲，也許會成為日後高雄捷運之旅美好回憶的一部分。

離站音樂由十鼓擊樂團創作（圖片提供：十鼓文創）

美麗島站有聖獸

紅橘兩線交會的美麗島站規模龐大，興建時亦遭遇不少困難。為祈求吉祥與平安，高雄捷運公司以中國神話故事裡的四獸聖：青龍、白虎、朱雀、玄武，在紅、橘線轉換層四個方位的地上各設置一面銅雕，據說具有祈福以及藏風聚氣之意。下次搭乘時不妨低頭看看是否能找到這四聖獸的蹤跡，也許能帶來好運喔。

四聖獸（朱雀）

高雄捷運豆知識

● 高捷少女共有 9 人

高捷少女

　　從第一位高捷少女「小穹」於 2014 年誕生以來，至 2020 年已經有 9 個成員，擔任站務員、維修工程師、司機員、客服員等各種職務，每個人都擁有正式的員工編號，擬人化的角色設定，讓每位少女的個性迴異，各自擁有支持的粉絲，其中不乏來自海外的動漫迷，也大幅擴展捷運的族群，並發展出多款高捷少女的周邊商品。

● 消失的 O3 車站

　　高雄捷運每座車站除了都有中、英文站名，並以路線顏色的英文首字，加上車站數字，為車站編號，對於外籍旅客來說是一項很貼心的設計，車站由南而北、從西向東，數字逐漸遞增，然而仔細觀察捷運路網，橘線在 O1、O2 後就直接跳 O4，O3 竟然就憑空消失了，是許多乘客深感疑惑的事。

　　高雄捷運各車站的編碼，其實早在 1980 年代路網規劃階段就已經決定，當初確實有規劃 O3 車站，站址就位在高雄市歷史博物館，也就是舊高雄市政府的前方，附近還有首創全國之先的高雄地下街，集合購物、娛樂及美食等超過 300 個店鋪與攤位，曾是高雄市最熱鬧的商場。

　　不過 1989 年底一場突如其來的大火，高雄地下街付之一炬，後來高雄市政府行政大樓也遷移到四維路現址，在預估運量不足且與前後兩站距離太近的情況下，設站已不具效益，因此取消規劃，也讓 O3 車站如同燒毀的地下街，永遠深埋地底，成為高雄捷運路網上永遠消失的一站。

高雄地下街遺址現在是為二二八和平紀念公園

只有一座疊式車站

高雄捷運 38 座車站中，幾乎都是「島式」（月台在中間），或「側式」（軌道在中間、月台在兩側）車站，唯獨橘線的「大東站」不一樣，這是因於鳳山舊市區的路幅狹窄，車站腹地不足，於是東西向兩條軌道來到這裡，只好採上下不同層的重疊設計，形成全系統唯一的「疊式」車站。從這一站出來逛完大東文化中心、龍山寺等景點，返回車站後，搭車前請記得要看一下指標，才不會搭錯方向了。

O13 大東站是唯一疊式車站

同站進出不會扣錢

這是美麗島站限定的措施。一般搭乘高雄捷運只要刷卡進站，即便立刻出站還是會被扣最低車資，只有在「美麗島站」同站進出不會扣錢，但限時 15 分鐘以內。美麗島站其實是由 O5 及 R10 兩座車站組成，規模龐大，11 個出入口更是全台捷運之最，內部動線也複雜的宛若迷宮，加上橘線 O5 站為側式月台，一旦選錯邊（進錯閘門），想前往對側月台，必須借道位於地下 3 樓的紅線月台才能抵達，一趟下來至少要花費 3 ～ 5 分鐘，為了方便旅客，因此提供這項人性化的機制。

美麗島站有 11 個出入口

付費方式最多元

舉凡單程票、信用卡（感應式信用卡）、具 NFC 功能的行動裝置（如手機、智慧手錶）、LINE Pay 一卡通乘車碼，或是台灣四大電子票證（一卡通、悠遊卡、icash、Happycash），都能用來搭乘高雄捷運，種類之豐富，放眼全台灣、甚至全世界均屬少見。

高雄捷運閘門支援各種支付方式

到高雄一定要打卡的 10 件事

衛武營彩繪社區

整個社區都有好拍的彩繪景點

衛武營國家藝術文化中心

入選英國《衛報》2019 度假勝地熱門榜

悅誠廣場

來和 2 層樓高的大書架拍張照吧

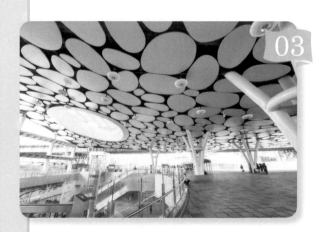

台鐵高雄車站

天花板以雲朵般的橢圓形排列，猶如
置身雲中

05

LOVE 景觀台

一覽高雄港、旗津景色,夜景更是迷人

06

07

棧貳庫旋轉木馬

少女心噴發的超夢幻白色旋轉木馬

大魯閣草衙道

在浪漫的歐洲小鎮造景區和經典路面電車合影

08

大港橋

全台灣唯一會旋轉
的橋梁

09

白色貨櫃屋

愛河畔的浪漫新景點

10

光之穹頂

大片花窗玻璃設計，讓車站彷
彿成為一座大教堂

漫步・紅線

高雄捷運紅線從最南端的小港站出發，沿著市區主幹道中山路、博愛路一路往北，串連市區重要交通結點與商圈。紅線前三分之二的路段都在地下，經過與高鐵、台鐵共構的左營站後，高度開始攀升並貫穿半屏山，從此揮別地下隧道、改以高架行駛，直到抵達終點南岡山站前才返抵地面，全線共有 28 座車站，路線總長 28.3 公里，長度與台北捷運板南線相當。捷運紅線串連國際機場、高鐵、台鐵、輕軌，並行經市區主要商圈，每逢週末假日，在捷運車上總能見到許多出門遊憩購物的旅客。

捷運紅線周邊景點

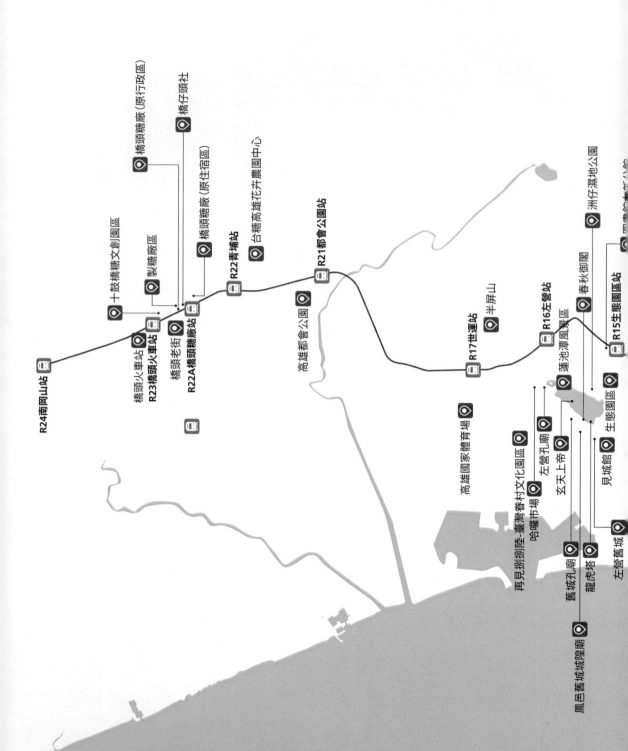

橋頭糖廠（原行政區）

橋仔頭糖社

十鼓橋糖文創園區

製糖廠區

橋頭糖廠（原住宿區）

台糖高雄花卉農園中心

R22青埔站

R21都會公園站

洲仔濕地公園

春秋御閣

R15生態園區站

橋頭火車站

R23橋頭火車站

橋頭老街

R22A橋頭糖廠站

高雄都會公園

半屏山

R17世運站

R16左營站

蓮池潭風景區

R24南岡山站

高雄國家體育場

哈囉市場

左營孔廟

玄天上帝

見城館

生態園區

再見捌捌陸－臺灣眷村文化園區

舊城孔廟

龍虎塔

左營舊城

鳳邑舊城城隍廟

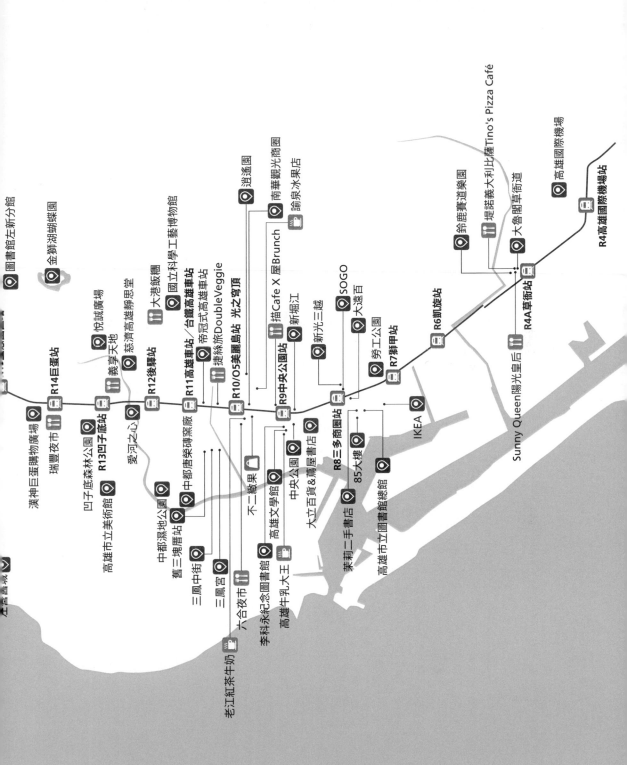

R4 高雄國際機場站

Kaohsiung International Airport Station

　　高雄捷運紅線是全台灣第一條連接機場的捷運。抵達高雄國際機場站後走出閘門，迎面而來的就是精彩的大型公共藝術「凝聚的綠寶石」，由上萬片經過精準切割的玻璃堆疊而成，兩大區的藝術作品分別命名為「無窮無盡」及「生命之樹」，日光從天井透入，搭配從背後投射的燈光，翠綠色的玻璃隨光共舞，呈現生動多彩的變化，讓人幾乎忘記身處地下車站內。

高雄國際機場

R4高雄國際機場站

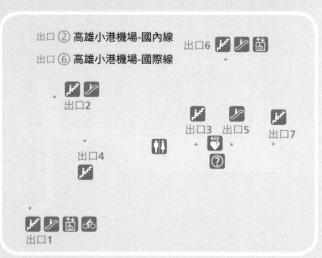

出口 ② 高雄小港機場-國內線

出口 ⑥ 高雄小港機場-國際線

出口6

出口2

出口3　出口5　出口7

出口4

出口1

高雄國際機場

　　高雄捷運從小港站發車，只消短短 2 分鐘的時間就能抵達高雄國際機場站，從市中心的高雄車站前來也僅需 18 分鐘，離市區非常近，是高雄國際機場的一大特色。清晨往南的列車上經常可以看到裝扮輕鬆、帶著大件行囊準備前往搭機出國的旅客。

　　捷運 6 號出入口與國際線航廈直接連通，在必經的通道上方有一只多國電子鐘，提醒著旅人即將遠行的目的地現在時刻，可以提前切換心情，喚起對即將前往異地的想像，是捷運的另一個巧思。

　　從捷運站搭乘電梯上到 3 樓，往左走是人潮熙來攘往的國際線出境大廳，往右走的通道上有著機場內欣賞飛機的最佳地點。連接國內線、國際線兩航廈的漫長通道，設有機場唯一的電動步道，景觀台就利用一旁走廊的窗台空間設計而成，前方正對著停機坪，可以清楚看到飛機的起降與地勤各項作業，常有航空迷來此拍照。高雄航空站還在靠近國內航廈的地方設置了一座 1：1 比例的模擬機艙，擺設真實的飛機座椅，這個機艙很適合家長帶沒有搭過飛機的小小孩前來，可事先熟悉一下機內的情形，另一端玻璃櫥窗裡展示上百架飛機模型，可回味許多已經停飛的名機。

　　航廈一樓的入境大廳有星巴克，是接機時的好去處。另一角有台灣銀行櫃台，營業時間直到深夜時段，對於平常白天無法到銀行的上班族來説，是出國前換匯的便利選擇。

	1
2	3

1. 在景觀台欣賞各式飛機
2. 高雄國際機場景觀台
3. 1：1 比例的模擬機艙

地圖

網站

景觀台

🏠 高雄市小港區中山四路 2 號

🚇 捷運 R4 高雄國際機場站 6 號出入口徒步約 1 分鐘

🕐 6:30 ～ 21:00

🌐 www.kia.gov.tw/

R4A 草衙站
Caoya Station

　　放眼全台灣，大概找不到第二個像「大魯閣草衙道」交通如此便利的遊樂園及大型購物商場，從草衙站一走出來就能立刻抵達，事實上還沒出站就感受到商場的歡樂氣息，捷運站內的廣告及燈箱都由草衙道獨占，包含月台門貼，以及 2 號出入口連通道兩旁，都以原創的童話彩繪包覆，許多遊客會坐在仿電車的木椅上，開心的與擬人化的動物們合影。

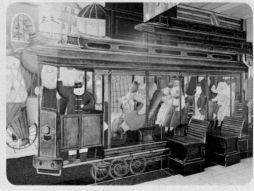

鈴鹿賽道樂園 📍

Sunny Queen 🍴
陽光皇后

🍴 堤諾義大利比薩
Tino's Pizza Café

📍 大魯閣草衙道

🚆 R4A草衙站

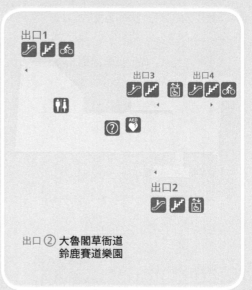

出口1

出口3　　出口4

出口2

出口 ② 大魯閣草衙道
　　　　鈴鹿賽道樂園

1 | 2
3

1. 草衙道入口廣場
2. 草衙道大道東
3. 草衙道的滑輪場

大魯閣草衙道

　　一走出草衙站 2 號出口，迎面而來的就是大魯閣草衙道的入口廣場，有水舞水池及一座大型旋轉木馬，共五迴的設計規模居全台之冠，是樂園相當熱門的遊具。旋轉木馬旁邊停著一輛醒目的路面電車，英文稱為「Trolley」，復古的造型讓人有來到舊金山的錯覺，園方投下重金從美國原裝引進，電車內裝以木頭打造，行走時會發出「噹～噹～」的鈴聲，載著遊客緩緩從草衙道廣場水池旁出發，穿過小鎮造景區一路前往樂園區，是老少咸宜的設施。

　　2016 年開幕的大魯閣草衙道其實由兩大區塊組成，包含室內的購物中心，以及主要位於戶外的「鈴鹿賽道樂園」。其中購物中心已併入新光三越百貨旗下，除百貨公司常見的品牌均有設櫃外，與一般商場最大不同是娛樂休閒設施比重很高，有健身房、室內籃球場、直排輪場，大魯閣的棒球打擊場當然也沒有缺席，因此各類運動休閒品牌特別齊全，餐飲種類亦很豐富，除了 3 樓平價的美食廣場，也不乏許多知名的專門大店。

大魯閣草衙道

🏠 高雄市前鎮區中安路 1 之 1 號

🚇 捷運 R4A 草衙站 2 號出入口直達

🕐 週一～五 11:00 ～ 22:00，週末及國定假日 10:30 ～ 22:00

🌐 www.tarokopark.com.tw/

地圖　　　　網站

$\frac{1}{2}$ ┤ 3

1. 草衙道有豐富的運動設施
2. 園區最大賣點迷你鈴鹿賽道
3. 鈴鹿賽道樂園

▬ 鈴鹿賽車場

　　室外萬坪的鈴鹿賽道樂園,則是日本享譽世界的「鈴鹿賽車場」(鈴鹿サーキット),首次且唯一海外授權的主題樂園,包含「迷你鈴鹿賽道」及「賽道樂園」兩大主題。位於三重縣的鈴鹿賽車場是日本第一座國際級賽道,舉辦的賽事是亞洲賽車界的指標,迷你鈴鹿賽道將鈴鹿賽車場以 10:1 等比例縮小,完美重現該賽道最經典的 8 字形立體交叉隧道、湯匙彎、髮夾彎等高難度路線,考驗遊客操控卡丁車的技術,是整座樂園的最大賣點,精心打造的賽道也遠比台灣其他卡丁車場漂亮太多;為維護安全,遊客一率需先接受講習課程,取得駕照後才能下場競速。

鈴鹿賽道樂園

🕐 週一～五 11:00 ～ 21:30,週末 10:30 ～ 21:30

🌐 www.suzukacircuitpark.com/

網站

適合小朋友的「賽道樂園」，遊樂設施以各式各樣的交通工具為主，包括可讓小朋友學到正確駕駛觀念的「酷奇拉駕駛學校」、「小小騎士」、「越野大冒險」、「甩尾小車手」、「滴答電車」，都是自鈴鹿賽車場移植過來的人氣設施，不用出國就能在此體驗；喜歡刺激的人則推薦一定要試試「飄移高手」、「天空飛行家」、「自由搖滾」及「自由落體」。賽道樂園專屬的吉祥物「酷奇拉家族」來頭也不小，由日本漫畫之神手塚治虫創作，會不定時在園內現身和遊客互動，可愛的身影也為樂園增添不少歡樂的氣氛。

1.
2.

1.2. 鈴鹿賽道樂園親子駕駛設施

食info

Sunny Queen 陽光皇后
好吃又好拍的台式義廚料理

🏠 大道西 1F 👍 黑松露野菇燉飯、特調飲品

地圖

網站

堤諾義大利比薩
Tino's Pizza Café
連餅皮都好吃的現烤 Pizza

🏠 大道東 1F 👍 堅果四重乳酪、田園起司蔬食

地圖

網站

R6 凱旋站
Kaisyuan Station

　　捷運紅線經過前鎮高中站後，會從前鎮運河底下穿越，因此凱旋站也蓋得特別深，從月台上到穿堂層的超長手扶梯，可以發現與其他車站不太一樣，車站共有 3 個出入口，1 號可轉乘高雄輕軌，經過長通道從寬敞的 3 號出入口出站，可通往時代大道與統一夢時代購物中心。

時代大道　R6凱旋站

C3前鎮之星站

統一夢時代
購物中心

出口1

出口3

出口 ③ 時代大道
統一夢時代購物中心

出口2

時代大道

　　利用 3 號出入口來到外面，正前方一條寬敞的東西向馬路就是「時代大道」，兩旁尚有許多土地大片空地，以前都屬於「戲獅甲工業區」的一部分，捷運站出口旁原本是「高雄鹼廠」，現在則是大片綠地，日後將配合 DC21 計畫逐步開發。

　　時代大道是每年年底「OPEN 大氣球遊行」的舉辦場地，由 OPEN 家族領銜，結合時下最受歡迎的卡通做成可愛大氣球，總數約 20 個，每個動輒 4～5 公尺，非常吸引群眾目光，搭配地方團體的表演共同遊行，遊行長度約 1 公里，必須動用 2 位主持人分路段主持，連續舉辦十幾年下來已經成為高雄的一大盛事。這些可愛的大氣球晚上會定點展示，配合隔天清晨舉辦的路跑，總吸引粉絲不辭辛勞從各地前來參加。高雄市政府的跨年晚會也幾乎都選在時代大道舉行，歌手從晚上一直歡唱到跨年凌晨，每年都吸引可觀的人潮前來，在將近晚上 12 點時數萬人一起倒數、迎接新的一年到來。

$\frac{1}{2\ |\ 3}$　1.2.OPEN 大氣球遊行　3. 時代大道

R7 獅甲站
Shihjia (Labor Park) Station

　　採用舊地名的獅甲站，舊名為「戲獅甲」，據説古時候庄民配合廟會慶典組成宋江陣，陣前必先舞獅，這一區庄頭的舞獅技藝及宋江氣勢都甲於其他庄頭，因而得到「戲獅甲等」的美譽。當地歷史悠久的「廣濟宮」對於推廣和傳承弄獅傳統文化不遺餘力，早先由廟方單獨舉辦的戲獅甲競賽已由市府接手，並擴大為國際比賽，是全球舞獅藝術及台灣陣頭界的年度盛事。

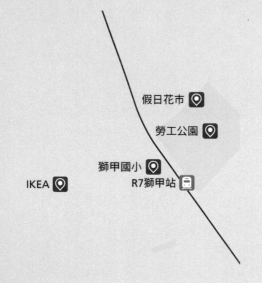

假日花市
勞工公園
獅甲國小
IKEA
R7獅甲站

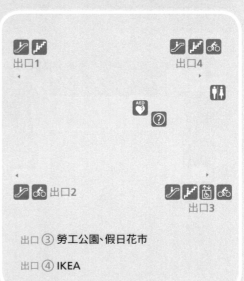

出口1

出口4

出口2

出口3

出口 ③ 勞工公園、假日花市

出口 ④ IKEA

勞工公園

除了傳統文化，在日本統治末期，戲獅甲更是台灣最重要的工業區，集合煉鋁、機械、化學、肥料等工業，戰後又新設硫酸銨、木業、兵工廠、台塑高雄廠等，煙囪林立，也奠下高雄重工業發展的基礎。隨著台灣的經濟發展邁入另一個階段，這些不受歡迎的高污染產業陸續停工拆遷，工業區土地重劃升級為商業區，好市多、統一夢時代、IKEA、家樂福、MLD 台鋁陸續進駐，搭配「多功能經貿園區」及「亞洲新灣區」計畫展開多項重大建設，戲獅甲工業區的風貌已大幅改變，工廠痕跡幾乎消失殆盡，僅在成功路輕軌以西尚能看到工業廠房。

從捷運獅甲站 3 號出來是「勞工公園」，是全國唯一以勞工為主題的公園，選在往昔台灣最重要的重工業區域內設置，似乎也是合理的選擇。廣場上有一塊「工殤紀念碑」，悼念因為職業傷害而犧牲的勞動者，公園內草木扶疏，還有壘球場、游泳池等設施。

每逢週末，沿著勞工公園外圍的復興三路和一德路人行道上擺滿花卉攤位，形成假日花市，已有三十多年的歷史，52 個攤位販售的植栽花卉各有特色，花器肥料等相關用品也很齊全，加上價格實惠，午後總吸引許多人特地前來採買。4 號出入口外是獅甲國小，校方發揮當地戲獅甲文化特色，在舞獅職人的培育下學生的醒獅實力高超，已多次獲得全國小學的冠軍。

1. 獅甲以舞獅聞名
2. 勞工公園
3. 勞工公園假日花市

假日花市

🏠 高雄市前鎮區復興三路和一德路口

🚇 捷運 R7 獅甲站 3 號出入口徒步約 1 分鐘

🕐 週六、日 9:00 ～ 18:00

勞工公園地圖　　勞工公園假日花市地圖

R8 三多商圈站
Sanduo Shopping District Station

　　捷運三多商圈站位於交通繁忙的中山路與三多路交叉口，車站採取全系統獨一無二的中央挑空設計，可直接從月台層看到穿堂層，圓型電梯位於車站正中央，搭配天花板放射狀燈光，打造出「捷運之眼」的意象。車站共有 7 個出入口，數量僅次於美麗島站，在站內可直接連通到百貨公司的地下 1 樓。

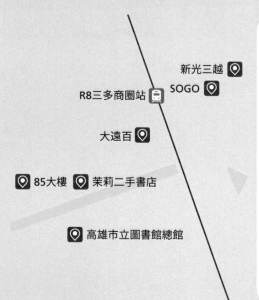

新光三越
SOGO
R8三多商圈站
大遠百
85大樓　茉莉二手書店
高雄市立圖書館總館

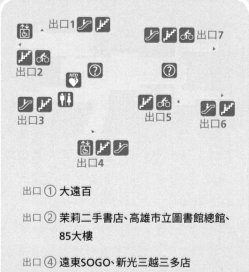

出口1　　　　　　　　　　　　　　　出口7
出口2
AED
出口3　　　　　　　　　　出口5　　出口6
出口4

出口① 大遠百
出口② 茉莉二手書店、高雄市立圖書館總館、85大樓
出口④ 遠東SOGO、新光三越三多店

1	2
3	4
	5

1. 大遠百 2. 大遠百誠品書店 3.UCC 咖啡店
4.SOGO 小小世界鐘 5.Woosa 鬆餅屋（大遠百 2F）

大遠百、SOGO、新光三越

　　三多三圈是全高雄百貨公司最密集的地方，三多路上短短不到 300 公尺的距離，國內三大百貨業者全員到齊。立地最佳的當屬「大遠百」，與捷運三多商圈站 1 號出入口直接連結，便利的交通也帶動營業額成長，成為商圈業績最好的百貨店。大遠百有高雄唯一的威秀影城，多達 17 個影廳，每逢強片上映時總能吸引人潮，最高的 17 樓則有南台灣規模最大的誠品書店，佔地約 1,000 坪，挑高的空間、獨特的階梯式設計，讀者自在地拾級而坐靜靜閱讀，或是聆聽作者的新書發表會，已成為書店內最常見的景象。

另兩間比鄰而立的百貨公司則位於 4 號出入口外，徒步約 1 分鐘就能抵達。離捷運站較遠的是「新光三越」，於 1993 年底開幕，「遠東 SOGO 高雄店」比一旁的新光三越晚了 2 年多，在 1996 年開始營業。結市的效應，加上原先市場龍頭大統百貨，在 1995 年 10 月的大火意外後歇業，讓這裡在往後的 10 幾年一直都是高雄最熱鬧的商圈，現在每逢假日依然是一大購物熱點。誠品書店在 SOGO 百貨的 12 樓也有展店，這麼短的距離內連開兩家在台灣亦屬罕見，2 樓的 UCC 咖啡是南部僅有的分店，甚受附近居民的喜愛。

大遠百

地圖　　網站

🏠 高雄市三多四路 21 號

🚇 捷運 R8 三多商圈站 1 號出入口直達

🕐 11:00 ～ 22:00

🌐 www.feds.com.tw/M/51

遠東 SOGO

地圖　　網站

🏠 高雄市三多三路 217 號

🚇 捷運 R8 三多商圈站 4 號出入口徒步約 30 秒

🕐 週日～四 11:00 ～ 21:30，週五至週六、例假日前一天至 22:00

🌐 www.sogo.com.tw/ks

新光三越三多店

地圖　　網站

🏠 高雄市三多三路 213 號

🚇 捷運 R8 三多商圈站 4 號出入口徒步約 1 分鐘

🕐 11:00 ～ 22:00

🌐 reurl.cc/Kkvq0n

茉莉二手書店

新光路中央綠帶

從捷運三多商圈站 2 號出入口出來，前方是市中心最寬敞的新光路，類似北海道札幌市「大通公園」的設計，馬路中央是綠帶和植栽，綠意盎然，車道成為配角，反倒像是馬路開闢在公園裡。兩旁建築彷彿為了呼應遠大於一般尺度的路幅而在此競相比高，高雄最高的兩棟摩天大樓「85 大樓」及「遠雄The One」，就分別矗立在道路兩旁。大約 5 分鐘的步行路程，迎面一棟同樣高聳的摩天大樓名為「亞太財經廣場」，樓高 42 層，在 1992 年落成時曾一舉拿下台灣最高建築的寶座，直到高雄人俗稱「50 層」的「長谷世貿大樓」完工才讓出第一高的頭銜。這棟商業氣息濃厚的高樓，反差地在地下一樓開了一間愛書人必訪的「茉莉二手書店」。

「在巴黎、在東京，塞納河畔跟神保町的舊書攤、舊書店，是城市的文化眼睛，少了便要黯然失色悵然有失」，高雄的二手書店總數並不算太少，讓工業大城多了些文化的滋養，不過高雄的舊書店不像東京神保町那樣群聚，而是散落在城市的許多角落，且普遍規模都不大、藏書量有限，部分店家雖勤於收書，卻常因人手不足之故，導致擺設凌亂，必須耐心挖寶才能有所斬獲，直到茉莉二手書店出現才翻轉了大家對舊書店的刻板印象。

書店內部空間寬敞、書籍種類豐富、分類及標價清楚，找起書來也相對輕鬆許多，每逢週末午後，文史、商業、休閒、雜誌等各區書架總被各種不同年齡層的客人所圍繞，在音樂聲中靜靜低頭挑選心儀的圖書，如果想閱讀也能席地坐在童書區，結完帳後還能利用紫外線來為書籍消毒，也是其他舊書店沒有的服務，展現對愛書人的體貼。

地圖　　　網站

🏠 高雄市新光路 38 號 B1
🚇 捷運 R8 三多商圈站 2 號出入口徒步約 6 分鐘
🕐 12:00 ～ 21:00
🌐 www.mollie.com.tw/

85 大樓

　　提到高雄最具代表性的天際線，應該非「85 大樓」莫屬，獨特的「高」字型外觀，樓高 347.5 公尺，與壽山相當，至今仍為台灣第二高建築，僅次於台北 101。挑戰當時工程極限的 85 大樓歷經 10 年興建，在 1999 年盛大開幕，結合「建台大丸百貨」、「晶華酒店」、遊樂廣場及辦公空間，曾風光一時。然而百貨公司偏離主要商圈，新鮮期過後很快就人潮激減，日商不堪虧損首先撤資，建台雖傾全力經營，不久後仍難逃歇業的命運。許多高雄人喝喜酒一定都去過的 5 星級酒店，也因業者財務問題幾經易主，處於歇業狀態，目前 1 樓由「綺麗珊瑚」經營，7 ～ 11 樓是同集團的「高雄明麗飯店」，大樓中段樓層則開設許多日租套房。

1　1. 85 大樓
2　2. 85 大樓與亞太財經廣場

地圖

🏠 高雄市苓雅區自強三路 1 號
🚇 捷運 R8 三多商圈站 2 號出入口徒步約 8 分鐘

高雄市立圖書館總館

　　我對理想圖書館的想像，來自日本的「仙台媒體中心」（せんだいメディアテーク），伊東豐雄為城市中的人們，打造了一個能透過各式媒體交流的場所，為公共建築創造出全新的境界，相隔 10 多年後，在高雄的亞洲新灣區也出現了一座足以與其媲美的「高雄市立圖書館總館」。

　　這座圖書館由國內知名的劉培森建築師事務所設計，以大樹下的常民文化為概念意象，讓整棟建築就像棵枝繁葉茂的大樹，一樓是半開放式的總圖廣場，寬闊的空間卻不見任何樑柱，人們可以在此自在的休閒或閱讀。

1	2
3	4

1. 高雄市立圖書館總館
2. 半開放式的總圖廣場
3. 圖書館總館內部
4. 屋頂到五樓的天井如同植物園

順著手扶梯來到三樓,是服務台及新書、期刊區,新書平躺陳列的方式和一般書店無異,中文雜誌自不待言,外文書報的總類也相當豐富,玻璃帷幕原本就有助於採光,從屋頂到五樓的巨大天井更引入大量自然光源,打造得如同植物園,累了還可以到樹下透透氣,讓閱讀成為一件很享受的事,因此館內面外的座位每逢假日總是一位難求。頂樓規劃為空中花園,往西可眺望高雄港,能一次遍覽亞洲新灣區另外四項建設,為了節能,頂樓西側及南側種植許多植物,可避免西曬,也是對環境的貼心考量。

這棟總圖的建築工法也很特別,是採用從上而下的施工方式,以懸吊式結構建成,工程難度很高。採輕量化的設計,讓每個樓層都採用直徑僅 10 公分的鋼棒取代柱子,館內空間因此顯得寬敞通透,但也讓人有些懷疑強度是否足夠?其實只要來到 8 樓就可以解開疑惑。在這一層樓建築師設計眾多 45 度角粗壯的鋼梁,用來承受下面 7 個樓層的重量,這些鋼梁也解釋了懸吊工法結構上的奧秘。不論喜歡閱讀或是當代建築,都建議將這裡列為高雄必訪景點。

$\frac{1}{\frac{2}{3}}$

1. 圖書館總館新書區
2. 圖書館的空中花園
3. 高雄市立圖書館結構的奧秘,在 8 樓粗壯的鋼梁

地圖

網站

🏠 高雄市前鎮區新光路 61 號
🚇 捷運 R8 三多商圈站 2 號出入口徒步約 8 分鐘
🕐 10:00 ～ 22:00,國定假日 10:00 ～ 17:00
📅 週一
🌐 www.ksml.edu.tw/mainlibrary

R9 中央公園站
Central Park Station

　　搭乘捷運從中央公園站 1 號出入口出來，一定會對眼前開闊且綠意盎然的景象感到驚艷，半開放式的下沉車站採光良好，上方一大片白色雨庇，邊坡種滿各式蕨類，通往地面共四條手扶梯，中央夾著一條流水瀑布，潺潺水聲讓人在炎夏酷熱的高雄感受到不少涼意。這座經典車站由大名鼎鼎的英國建築師理察・羅傑斯（Richard George Rogers）以「摩登高雄」為主題設計，巨大雨庇採用鋁合金材質，重達兩百噸，由中信造船承製，獨特的設計被美國旅遊網站 BOOTSNALL 選為世界第四美的地鐵站。

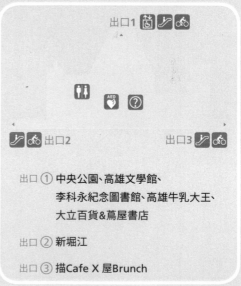

出口1

出口2　　　　出口3

出口 ① 中央公園、高雄文學館、
　　　　李科永紀念圖書館、高雄牛乳大王、
　　　　大立百貨&蔦屋書店

出口 ② 新堀江

出口 ③ 描Cafe X 屋Brunch

中央公園

　搭乘電扶梯來到地面層，站外就是「中央公園」，前身為「中山體育場」，曾舉辦過第一屆台灣區運會，南邊是仁愛公園，隔著五福路的另一側，是所有高雄人（甚至是南部人）共同回憶的南霸天「大統百貨公司」，火災後經過 10 年的荒廢，保留 1～3 層的建築改為新的賣場「大統五福店」，但逝去的風光已無法重返。

　配合高雄捷運興建，將老舊的中山體育場拆除，連同仁愛公園一併改造為中央公園，去除不必要的人工建物，盡量讓綠地最大化，公園內的景觀人工湖泊兼具生態及滯洪的功能，雨庇前的水舞廣場每逢假日經常舉辦各式活動；臨五福路的人行道是「城市光廊」，裝置藝術家創作的作品，夜晚搭配燈箱的燈光，與圓環對角的大立百貨公司相呼應，是高雄街頭最繽紛的一角。

🕐 全天開放

🚇 捷運 R9 中央公園站 1 號出入口出站即達

1

2

1. 中央公園全景
2. 中央公園景觀人工湖泊

高雄文學館

1　1.2. 高雄文學館
2｜3　3. 高雄文學館葉石濤雕像

　　位於中央公園的西北一隅（靠近中華路及民生路口）有「高雄文學館」及「李科永紀念圖書館」，形成小型的藝文聚落，兩棟規模都不大，反而可以與一旁的公園融合。

　　高雄文學館 1 樓是特展區，正對門口的整面書牆很是壯觀，架上展示高雄文學作家的作品，2 樓以文學沙龍的形式布置，各種文學期刊蒐羅完備，可找一本喜歡的作品坐在沙發上閱讀，最裡頭的高雄文學典藏圖書室完整收藏約 7 千本台灣文學及高雄文學書籍。在文學館後方有一座文學大師葉石濤先生的雕像，正好依著一棵氣根錯縱生長的榕樹，似乎隱喻著期待文學能扎根茁壯的意涵。

地圖　　網站

🏠 高雄市前金區民生二路 39 號

🚇 捷運 R9 中央公園站 1 號出入口徒步約 5 分鐘

🕐 週二～六 9:00 ～ 21:00，週日至 17:00

📅 週一、國定假日

🌐 ksm.ksml.edu.tw/

李科永紀念圖書館

　　2018 年中甫落成啟用的李科永紀念圖書館，則將建築完美融於綠林中，內部挑高及大片的玻璃窗設計，借景中央公園讓綠意延伸入內，營造出極佳的閱讀空間，每一層樓均以「樹」為意象設計，是一座小而美的圖書館，環境舒適，深受市民喜愛。

地圖

網站

🏠 高雄市前金區民生二路 37 號

🚆 捷運 R9 中央公園站 1 號出入口徒步約 5 分鐘

🕐 週二～六 9:00 ～ 21:00（週日至 17:00）

📅 週一、國定假日

🌐 www.facebook.com/KSMLCJ/

1	2
3	

1.2. 李科永紀念圖書館內部
3. 李科永紀念圖書館

食info

高雄牛乳大王

1966 年創業速食老店

🏠 高雄市前金區中華三路 65 之 5 號　🚆 捷運 R9 中央公園站 1 號出入口徒步 6 分鐘　🕐 7:00 ～ 26:00

👍 木瓜牛奶、總匯三明治

地圖

新堀江

　　如同台北的西門町，全名「新堀江商圈」的新堀江，可說是高雄流行及青少年次文化的代名詞。於 1988 年在原大統百貨對面設立，名稱想當然爾是對應鹽埕區舶來品集散地「堀江商場」而來，仿日式商場的設計，承襲堀江商場流行、精品、新潮的精神，更掌握了舶來品市場年輕化與低價化的趨勢，不但以「新」的姿態取代了繁華退去的堀江，即便大統百貨在 1995 年火災後，依然屹立在五福商圈，現在提到堀江二字，年輕人腦海中浮現的就只有新堀江，往往不知道高雄還有一處老牌的堀江商場。

　　與寬敞的五福路二路交叉的仁智街，是多數人逛新堀江的起點，平整的人行道，午後營業時間一到，兩旁開始擺出各式攤位，人潮也開始多了起來，商圈內小路交錯，較大的商場裡店中有店，潮牌服飾、小飾品、美妝、鞋子、運動用品、手機配件、扭蛋店家林立，小吃攤位及可邊走邊吃的散步甜點也不少，加上價格不貴，因此來這裡逛街的年齡層也偏低，儘管人潮不再像過去全盛時期那麼多，依然是流行文化的聚集地。

地圖

🏠 高雄市新興區五福二路仁智街交差口

🚇 捷運 R9 中央公園站 2 號出入口徒步 1 分鐘

🕐 13:00 ～ 24:00（各店家不一）

食info

描 Cafe × 屋 Brunch
有喵星人相伴的餐廳

🏠 高雄市新興區文橫一路 68 號　🚇 捷運 R9 中央公園站 3 號出
入口徒步 3 分鐘　🕐 9:00 ～ 16:00　👍 歐風野菇薔薇蛋、貓奴奶茶

地圖　　　網站

大立百貨 & 蔦屋書店

即便已經結束與日本伊勢丹的合作超過 10 年的時間，許多高雄人還是改不掉稱這裡為「大立伊勢丹」的習慣。1991 年伊勢丹百貨入股合作，是南台灣第一家日系百貨公司，日式服務也最為到位，承襲大新及大統百貨在屋頂附設空中樂園的傳統，大立百貨的頂樓也有海盜船、單軌電車、旋轉木馬、碰碰車等許多讓人感到懷念的遊樂設施。

2008 年大統集團利用一旁原先的停車場用地再蓋了一棟分館，由荷蘭 UNStudio 建築師事務所設計，外觀以「旋轉」為主題，讓建物呈海灣曲線造型，透明的玻璃幕牆，由凸出的水平鋁片和垂直玻璃片組成圖案，共同形成一個漩渦狀的壯麗景觀，夜間搭配 LED 燈光，呈現令人炫目的變化。內部空間更是精彩，挑高中庭貫穿所有樓層直到地下 2 樓，從最高的樓層往下看，電扶梯堆疊成螺旋狀，打造出十足奢華的購物商場，說這裡是全高雄最美的百貨公司，也絕不會言過其實。

原本以精品為主的新館（原先稱為大立精品，現改為 A 館）近兩年逐漸轉型，先是開了 in89 影城，2020 年南台灣首家 Tsutaya Bookstore（蔦屋書店）正式進駐，在高雄掀起一股蔦屋熱潮。

兩層樓高的紅磚書牆、豐富的日文雜誌、類似圖書館的陳列架，還有獨家從日本引進的文具雜貨，一開幕就吸引眾多粉絲慕名前來朝聖。書店同時結合 WIRED CHAYA 茶屋、路易莎咖啡及烘焙名店，類似在日本的複合式經營型態。

🏠 高雄市前金區五福三路 57 ～ 59 號

🚇 捷運 R9 中央公園站 1 號出入口徒步約 10 分鐘

🕐 11:00 ～ 22:00

🌐 www.talee.com.tw/

地圖

網站

1. 大立百貨空中樂園
2. 大立百貨螺旋狀手扶梯
3.4.5. 蔦屋書店

R10 O5 美麗島站
Formosa Boulevard Station

美麗島站是高雄捷運唯一的轉乘站，同一站體內包含 R10 及 O5 兩座車站，規模居全系統之冠，11 個出入口也比其他車站多了好幾個。紅線 R10 是一座圓形車站，施工時開挖直徑達 140 公尺，工程難度極高。美麗島站外觀由日本知名建築師高松伸設計，在曾經發生對台灣民主化發展有重要影響的「美麗島事件」附近，高松伸以「祈禱」為主題，將四個分別由 800 片不同形狀的玻璃拼接而成的大型出入口，設計成看似雙手合掌的造型，富有深刻的意涵。美國旅遊網站 BOOTSNALL 也並將美麗島站選為世界第二美的地鐵站。

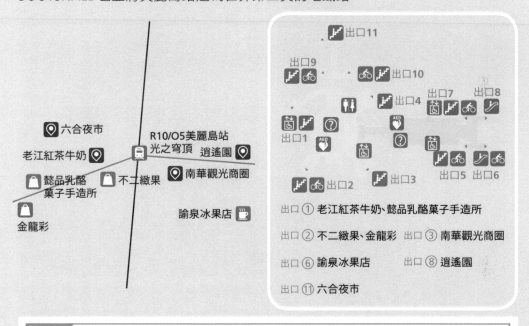

出口 ① 老江紅茶牛奶、懿品乳酪菓子手造所

出口 ② 不二緻果、金龍彩　　出口 ③ 南華觀光商圈

出口 ⑥ 諭泉冰果店　　　　　出口 ⑧ 逍遙園

出口 ⑪ 六合夜市

🚇 轉乘小訣竅

1. 搭乘紅線往小港方向時，如要轉橘線往大寮方向建議搭第一節車廂，一出車門就有手扶梯；若要前往西子灣，則建議搭最後一節車廂，離手扶梯會比較近。

2. 搭乘橘線要轉紅線時，從大寮方向過來建議搭第一節車廂；從西子灣方向過來的話建議搭最後一節車廂，可大幅縮短接下來要走動的距離。

光之穹頂

　　從這四大出入口任一個利用手扶梯進到站內，「位於車站上方的光之穹頂是世界最棒的公共藝術，直徑 30 公尺，漫步其中，你可以看到人類生命的起源、體現成長和繁榮的土地，……貫穿穹頂的最重要訊息是愛和寬容。」BOOTSNALL 為這座公共藝術下了詳細的註解。CNN 則形容美麗島站「一半是地鐵站，一半是萬花筒，這座通勤用的教堂圍繞著世界上最大的玻璃作品，耀眼的光之穹頂」，CNN 並將美麗島站評選為「World's most beautiful metro stations」（全球最美地鐵站）。

　　這個總面積達 660 平方公尺大型玻璃公共藝術作品，由水仙大師（Narcissus Quagliata）創作，共歷時四年半才完成。光之穹頂以正中央紅、藍兩柱為起點，象徵陰與陽，連接著上方各式玻璃彩繪，分成水、土、光、火四大區塊，講述高雄這片土地與人的故事，包含著超乎想像的豐富元素，建議停下腳步，仔細欣賞這享譽全球的捷運公共藝術經典之作。

```
1 | 2
  | 3
```
1.2. 美麗島站祈禱造型出入口
3. 光之穹頂

賞析重點

　　建議從藍色的區塊開始，這一區是「水」，以女性與生命的誕生為主題，代表星球是
月球。這裡可以看到色彩鮮豔、像是台灣錦鯉的大大小小的魚，還有貝類、海草環繞、
迴游在孕育生命的女人周圍，象徵生命來自於海洋。這一區的邊緣有希望、智慧、做夢
的人、魔幻之舞共四組代表人類生命的形象。

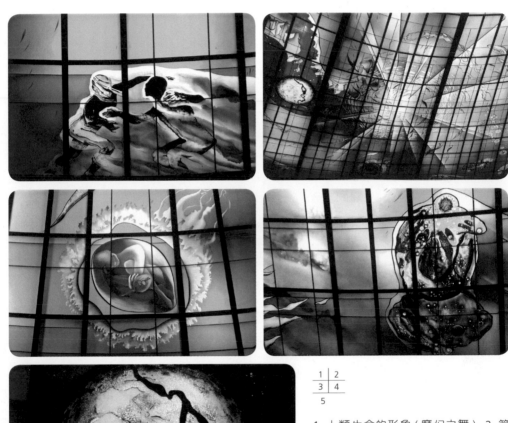

1	2
3	4
5	

1. 人類生命的形象（魔幻之舞） 2. 第
一區「水」，以女性與生命的誕生為主
題 3. 人類生命的形象（做夢的人） 4. 人
類生命的形象（智慧）5. 月球是第一區
的代表星球

第二區以綠色為主色調，代表著「土」，象徵成長的力量，並以地球為星體代表。這顆地球是水仙大師向 NASA 美國太空總署，申請夜間衛星空照圖參考繪製，藝術家特別把台灣放大了些，讓大家可以更清楚看見這美麗之島。主視覺是一個向後仰倒的男人，象徵敬天畏地的謙卑態度，男人的胸口長出了一棵大樹，代表著人與自然共生共存的關係，樹上所開的橘紅色花朵是高雄市的市花木棉花，樹梢的鳥類也以台灣特有種來詮釋，從男人手掌飛走的青鳥，意喻飛逝的光陰。

1	2
3	4

1. 青鳥意喻飛逝的光陰 2. 第二區以「土」象徵成長的力量 3. 第二區以地球為星體代表
4. 相愛的人

接下來是象徵創造力量「光」的區塊，以太陽為代表，這顆橘紅色的星球是以三層琉璃水晶凝融而成的，重達 120 公斤。太陽的右邊有一隻紫色的手，顯出掌中乾坤，要人胼手胝足，循著光的指引，開創出自己的人生。太陽下方有祭司及美女起舞，手掌左下方有智者靜坐，展現大師對日本禪宗的體悟。

　　最後「火」的區塊，代表星球是蝕缺。兩個激烈纏鬥的人，四周圍昏天暗地，這場善與惡的鬥爭，鬥爭到日月無光，日蝕之下世界只剩下黑暗了，象徵自古以來，哪裡有人類、哪裡就有矛盾與鬥爭，不曾停止的歷史輪迴，圍繞在黑色的蝕缺星球周圍，代表了鬥爭與死亡的涵意。一隻充滿生命力的鳳凰飛過烈火，代表在遍地哀鴻灰燼下的輪迴與重生。

　　水仙大師還在作品上落款並畫上自畫像，藏在不起眼的角落，在欣賞這有如史詩般大作的同時，不妨仔細找找看，會有更多的驚喜與收穫。

1	2
3	4
5	6

1. 第三區「光」，以太陽為代表 2. 美女踏雲 3. 火的區塊，代表星球是蝕缺 4. 鳳凰飛過烈火代表輪迴與重生 5. 良知與哀痛 6. 水仙大師自畫像

南華觀光商圈

　　到過日本旅遊的人一定會對帶有屋頂的拱廊商店街感到印象深刻，不論晴雨都不影響逛街。位在高雄郵政總局旁，舊稱「新興市仔」的南華觀光商圈是台灣少見有著屋頂的市集，兩旁超過半數店家販賣女性服飾，因此又有「女人街」的稱號，衣服價格實惠，也有許多小吃攤位，是高雄人都熟悉的一處商圈。

　　為重振觀光，最近以舊名「鰱港埔」和昔日盛產鯉魚為設計概念，在屋頂下方掛起繽紛的鯉魚旗，並在高雄郵政總局旁的牆面上彩繪木棉花、鯉魚、黃色小鴨等具有高雄城市意象的圖樣，為商圈增添不少活力。

🚇 捷運 R10 美麗島站 3 號出入口徒步約 30 秒

🕐 各店家不一

🌐 www.facebook.com/maslfi/

地圖　　　　　網站

六合夜市

　　高雄老字號觀光夜市，位在美麗島站 11 號出口的左前方，白天只是一般道路，到了傍晚攤販陸續將攤位擺放至馬路兩旁定位，六合二路也管制成徒步區，可以安心的在馬路上逛街。六合夜市以小吃聞名，高雄名物木瓜牛奶、海產粥是最推薦的兩大美食。每一本日本旅遊刊物只要寫到高雄幾乎都會介紹六合夜市，連吉田修一的小說《路》都曾提到，因此經常能看到拿著書按圖索驥的日本人。

🚇 捷運 R10 美麗島站 11 號出入口徒步 30 秒

🕐 入夜～ 23:00（各店家不一）

🏠 高雄市新興區中正四路 31 號

🚇 捷運 R10 美麗島站 2 號出入
口徒步約 2 分鐘

🕐 8:30 ～ 21:30

🌐 www.omiyage.com.tw/

地圖　　　　網站

不二緻果

　　舊名高雄不二家的「不二緻果」，是許多高雄人心中的最佳伴手禮。第一代老闆於 1938 年創業，最早取名「蓬萊製果」，1957 年搬到中正路現址後改名為「不二家」，以綠豆椪最為經典，近年更以芋頭口味甜點擦亮老店招牌，成為網購熱賣商品。採用甲仙的芋頭加入法國進口鮮奶，根據店家表示光食材成本就佔了售價近半的金額，物超所值又非常美味，難怪人氣能維持長年不墜。另外，拿破崙派的戚風蛋糕做工扎實，搭配爽脆的千層酥皮，同樣也擄獲眾多甜點控的心。每年中秋節是最大旺季，節日前每天都門庭若市，結帳時要有大排長龍的心理準備。

老江紅茶牛奶

　　1953 年創業的老店，紅茶牛奶、奶油吐司夾蛋是高雄人來「老江紅茶牛奶」必點的招牌。位在美麗島站 1 號出入口附近的創始店，廚房依然保留著傳統的風貌，對許多離鄉背井的高雄人來說，回到家鄉沒有來本店吃到這一味就彷彿少了什麼事情沒做。本店從開業以來就一直維持 24 小時營業，不論何時來都可以品嘗到讓無數在地人念念不忘的美食。近來老江在市區陸續開了許多裝潢新穎的分店，但還是老店最合在地人的口味。

地圖　　　　網站

🏠 高雄市新興區南台路 51 號

🚇 捷運 R10 美麗島站 1 號出入口徒步 2 分鐘

🕐 24 小時營業

🌐 www.laochiang.com

1 | 2
  | 3

1. 逍遙園以綠色為主色調
2. 1940 年開園時大谷光瑞致贈來賓的紀念品
3. 2 樓書齋

逍遙園

　　即便是在地人，應該也都不清楚在新興區公所後方，老舊眷舍建築群環繞包圍之中，竟藏有一棟日本伯爵所蓋的別墅「逍遙園」。經過詳細的文史考證，這棟極富歷史價值的建築在 2020 年修復完成，特地選在 11 月 1 日，也就是 80 年前落成的同一天重新開放，讓大家有機會重新認識這段幾乎已經被遺忘的輝煌。

　　建於 1940 年的逍遙園，是日本淨土真宗本願寺派第 22 代法主大谷光瑞 (1876 ～ 1948 年，法號鏡如)，在高雄大港埔所建的農園別墅。與大正天皇是姻親的大谷光瑞不只是宗教家，還是個知名的學者、探險家及政治家，曾擔任台灣總督府內閣參議。大谷光瑞選在大港埔 30 號番地打造 280 坪的新邸逍遙園，作為他平時來台灣的居所，這裡距離正在大興土木的新高雄驛不遠，是都市發展的新興之地。逍遙園不但擁有 4 千坪寬闊的庭園，與其相鄰廣達 1 萬 2 千坪的「大谷農園」土地，則從台灣製糖株式會社購入，作為其在台灣發展熱帶農業與門徒教育的訓練基地，顯見大谷光瑞相當看好高雄的發展潛力。

　　兩層樓的逍遙園以木造為主，混合磚構及鋼構，兼具日本及西洋風格，造型固然簡潔，建材與裝飾卻是處處講究，例如市松紋、網代天井、廣間火頭窗等，突顯主人的身分與品味。外觀以綠色為主色調，與前一年甫落成的高雄市役所 (1939 年) 顏色相近，木構建所使用的木材多達十餘種，除台灣檜木與阿里山扁柏，還有南洋鐵木和柚木，更有從京都「三夜莊」拆解運來的木建材。正門入口輕巧懸挑的「車寄せ」(停車的門廊) 有一個漂亮的紋樣，是西本願寺家紋，也可說是寺紋。特別的是，當時因戰爭的關係情勢日益不穩，1 樓以紅磚、咾咕石打造一處可容納 180 人的大防空壕，大谷的學生每天都必須接受防空訓練。

　　然而這棟花費諸多心思打造的宅邸，主人大谷光瑞在此曾度過 2 個冬天，總共僅待了 5 次共 2 百多天，1942 年離開台灣後就再也沒有回來過。戰後當地成為眷村「行仁新村」聚落的一部分，眷戶自行加建，逍遙園也從此淹沒在眾多低矮房舍，失去往日的光彩。歷經數十年風霜，主建築殘破不堪，連屋頂都不復見，差點就要被夷為平地。

　　身世顯赫的大谷光瑞生前在海內外共有約 10 處別邸，高雄的逍遙園是少數保留下來的其中一座，非常難得，也極具保存價值。為了還原這段歷史，這次修復特地從日本請來許多曾參與過世界遺產，與日本國寶及文化財修復的職人指導，與台灣匠師交流。在台日匠師的通力合作之下，讓逍遙園得以在 80 年後找回往日風華，重現世人眼前。

1 ｜ 2　1. 車寄上有西本願寺大谷家紋
　　　2. 建築融合日式及西式風格

　地圖　　　網站

🏠 高雄市新興區復興一路 64-8 號

🚇 捷運美麗島站 8 號出入口徒步約 7 分鐘；信義國小站 1 號出入口徒步約 3 分鐘

🕐 11:00 ～ 17:00，週末至 18:00

📅 週一

🌐 www.facebook.com/xiaoyaotakao

食info

諭泉冰果店

從早餐賣到宵夜時段的老字號 B 級美食

🏠 高雄市新興區忠孝一路 252 號　🚇 捷運 R10 美
麗島站 6 號出入口徒步 4 分鐘　🕐 6:00 ～ 25:30

👍 鍋燒意麵、黑輪、紅茶豆漿

地圖

網站

👜 伴手禮推薦

金龍彩

　以素食材料為原料，做成各種麵包、甜點與傳統糕點，
店內品項豐富，「無蛋碳烤蛋糕」、「黑糖紅豆麻吉」、
「香菇綠豆椪」都是人氣伴手禮。

地圖　　網站

🏠 高雄市前金區中正四路 83 號

🚇 捷運 R10 美麗島站 2 號出入
　口徒步約 3 分鐘

🕐 9:00 ～ 21:00

懿品乳酪菓子手造所

　講究乳酪、麵粉、蜂蜜、奶油等食材做出美味的甜點，
不加水的「加州乳酪」是最有人氣的一款商品。在衛武營
國家藝術文化中心、悅誠廣場也可以買到。

地圖　　
　　　　網站

🏠 高雄市新興區中正四路 66 號

🚇 捷運 R10 美麗島站 1 號出入
　口徒步約 3 分鐘

🕐 12:00 ～ 21:00

R11 高雄車站

Kaohsiung Main Station

　捷運 R11 高雄車站是高雄捷運全系統最新的車站，於 2018 年 9 月正式啟用（之前均使用臨時站），月台層配色清爽明亮，與新的台鐵高雄車站共構，轉乘動線較臨時站時期順暢不少，站內還設有多家販賣店及高雄捷運公司自營的商品館，商場空間較之前擴大數倍，比起用了近 10 年的臨時站有許多長足進步。

中都濕地公園

中都唐榮磚窯廠

舊三塊厝站
R11高雄車站
台鐵高雄車站
三鳳中街
帝冠式高雄車站
三鳳宮
捷絲旅
DoubleVeggie
R10/O5美麗島站

出口2　尚未開放

出口 ② 帝冠式高雄車站
　　　三鳳中街
　　　三鳳宮
　　　舊三塊厝站
　　　中都唐榮磚窯廠
　　　中都濕地公園

台鐵高雄車站

　　台鐵高雄車站是高雄重要的交通門戶，為配合鐵路地下化及捷運工程，自 2002 年 3 月將建於日治時期的車站往東遷移保存，並同步啟用臨時站。雖說是臨時站，卻一用就用了 16 年，一度讓人以為這該不會就是永久站了，由於車站周邊始終處於永無止盡的大型工地狀態，連帶使得捷運高雄車站也只能以臨時站提供服務，月台僅有 3 節車廂的長度，是全系統規模最小的車站，但運量又相對較高，因此月台在尖峰時段常被通勤族和學生擠爆，深入地下近 20 公尺的月台也導致轉乘不便，要搭台鐵必須先費一番功夫出站後先上到地面層，再經過廣場才能進到臨時站內，動線並不理想。

　　2018 年 10 月高雄市區段的鐵路地下化工程完工，嶄新的台鐵高雄車站也同步開業，這座由荷蘭 Mecanoo 建築事務所設計的車站一亮相，讓高雄人覺得漫長的等待是值得的。車站大型曲線形天棚以強而有力的姿態向外伸展，整座車站就像一棵大樹，樹冠保護著下方的開放公共廣場，天花板橢圓形燈如朵朵白雲不規則排列，陽光從天井窗照入，內部以白色為基調，光視覺就覺得降溫不少，半開放式的設計，讓流動人們可以在此相聚，或是坐下來享受微風吹撫。

　　其實目前車站整體興建工程依然持續進行中，從示意圖來看，全部完工後在車站上方將有一條東西向的自行車道，車站廣場將為市中心帶來多層次的景觀與大量公共空間，屆時勢必會讓車站展現另一番新風貌。

台鐵高雄車站，陽光從天井窗照入

1
―
2
―
3

1. 帝冠式高雄車站
2. 車站屋簷的神鳥裝飾
3. 車站內部

帝冠式高雄車站

舊高雄車站廳舍目前保存在新站的東南側，這座車站的外觀有著台灣少見的「帝冠式樣」，和舊 JR 奈良駅很像。根據傅朝卿教授的研究，「帝冠式樣建築源自於下田菊太郎對日本國會議事堂競圖作品，提出該採用『帝冠併合式』而來。這種式樣是指基礎及屋身採用西方古典建築形式，而屋頂採用日本皇宮建築慣用的固有式樣，其他各部則取各類建築之長經消化後合併使用之建築。」日本殖民台灣邁入中期後，建築風格也開始出現帶有濃厚意識型態的日本古典式樣，包括「帝冠式樣」與「興亞式樣」，幾個重要建築正好集中於高雄地區，其中發展較成熟的作品正是「高雄駅」及「高雄市役所」，這與高雄在當時被日本視為前進東南亞與太平洋島嶼之主要基地有直接關係。

和台灣其他現存日治時期的新竹駅、台中駅、台南駅等經典車站相比，1941 年才落成的高雄駅顯然晚了許多，這是由於原本台灣西部縱貫鐵道的終點，是位於現今捷運西子灣站 2 號出入口旁的「打狗駅」，後來因為哈瑪星及鹽埕區的發展腹地不夠，無法支撐高雄的發展，配合總督府的新都市計畫，選定在大港埔建設新站，高雄駅也成為日治時期台灣西部最後完成的火車站。

這座帝冠式高雄車站主要特徵為日本傳統屋頂，加上近代建築之屋身與日本趣味的裝飾，車站服務超過 60 年，早已成為高雄代表意象之一。為推展鐵路地下化改建工程，2002 年以拖曳工法，將重達 3,500 噸的站體，以每天緩緩移動 6 公尺的速度，花了 14 天共移動 82.6 公尺搬到目前的位置，為文化資產保存留下一段佳話，巧合的是，造型與其極為相似的奈良驛，也曾以同樣的工法（日本稱為「曳家」）移動了 18 公尺，整修後目前作為奈良市觀光案內所。

帝冠式高雄車站遷移後也沒有就此荒廢著，稍加整修後一度以「高雄願景館」的風貌呈現，是台灣首座鐵路地下化工程展示館，目前已功成身退，待整個新高雄車站工程告一段落時，這棟承載著高雄人無數記憶的舊站體將再次遷移回原址，回歸原本的運輸功能。

1
─
2

1. 奈良車站現為觀光案內所
2. 站體內埃及式柱頭

食info

捷絲旅 DoubleVeggie
一吃上癮的蔬食吃到飽自助餐

🏠 高雄市新興區中山一路 280 號 2 樓　🚇 捷運 R11 高雄車站 2 號出入口徒步 5 分鐘　🕐 11:30 ～ 14:00、17:30 ～ 21:00　👍 披薩、天婦羅、握壽司、異國料理

地圖　　網站

三鳳中街

　　與台北迪化街齊名的高雄三鳳中街，是高雄南北貨的集散地，高雄人都稱這裡為「中街ㄚ」，是辦年貨的最佳採買地點，各類傳統零食、山產、乾貨、中藥材料都非常齊全。農曆年前會固定舉辦年貨大街活動，店家叫賣聲不絕於耳，全長約 200 公尺的中街滿是人潮，大家無不大包小包的採買，是高雄最有過年氣氛的商店街。

🚇 捷運 R11 高雄車站 2 號出入口徒步約 12 分鐘

三鳳宮

　　舊名「三鳳亭」的「三鳳宮」是高雄香火鼎盛的廟宇，奉祀主神為中壇元帥哪吒太子，是三塊厝當地居民的守護神，又稱為「三塊厝太子爺廟」，相傳建於清朝康熙年間，至今已有三百多年歷史。廟殿在 1971 年重建，由傳統寺廟建築大師謝自南先生設計，是全台灣規模最大的三太子廟，北方式宮殿建築雕梁畫棟精巧，正門門神出自名家潘麗水之手，人們無論站在什麼位置或角度，都能和門神威嚴的目光交會，是潘麗水大師眾多台灣門神彩繪中，被評為最佳的顛峰作品。

1 | 2　1. 三鳳宮　2. 大師潘麗水繪製的門神

地圖　　　網站

🏠 高雄市三民區河北二路 134 號
🚇 捷運 R11 高雄車站 2 號出入口徒步約 12 分鐘
🕐 5:00 ～ 22:00
🌐 www.sunfong.org.tw/

台鐵三塊厝站

舊三塊厝站

高雄鐵路地下化工程在 2018 年 10 月完工通車，在左營到鳳山之間增設了內惟、美術館、鼓山、三塊厝、民族、科工館、正義等 7 座嶄新的通勤站，其中木造的三塊厝站與其他現代造型的新站顯得很不一樣。

其實早在 1908 年的日治時期，配合鳳山支線的營運就在這裡設立簡易車站，名為「三塊厝乘降場」，是個專做貨運的小型招呼站，後來也開始客運服務，並改名「三塊厝停車場」。隨著經濟的發展及人口增加，最早開發的哈瑪星因腹地較小無法發展工業，加上市區逐漸東移，三塊厝一帶被選為輕工業發展重心，許多大型會社在此建廠，有了工作機會吸引勞工聚集而有了聚落，形成今日的中都地區，因此「高雄第三公學校」（今三民國小）及「州立高雄中學校」（今高雄中學）也選在這裡設立。

三塊厝停車場於 1923 年改建並擴大規模，車站空間包含候車室、售票口、站長室、事務室等，附近各式工廠生產紅磚、酒精、石灰、鳳梨罐頭等貨物送到這裡後，再經由縱貫線運往台灣各地。然而隨著帝冠式高雄車站落成，這個車站的重要性逐漸下降，同年開始僅提供貨運服務。戰後中都的工業外移，三塊厝站更加凋零，最終在 1986 年正式廢站，缺乏維護的木造車站逐漸頹圮變成廢墟，差一點就讓台灣少了項重要的鐵道文化資產。

這次因鐵路地下化的關係讓三塊厝站得以穿越時空重新復活，讓人有機會重溫這段曾經繁華的過往，參考舊時樣式打造出木造型式的出入口，頗有致敬之意，舊三塊厝站經整修後保存在新站的對面，消失的鐵軌以及不再有旅客進出的日式車站，一旁僅剩有老樹相伴，呈現著一幅日常卻讓人感到美好的下町風情。

$\frac{1}{2}$　1.2. 舊三塊厝站

🏠 高雄市三民區三德西街 90 巷 8 號
🚇 捷運 R11 高雄車站 2 號出入口徒步約 15 分鐘

地圖

中都唐榮磚窯廠

紅磚在日治時期曾是高雄重要的產業，位在三塊厝郊區愛河畔有兩根醒目的優美紅色磚造煙囪，老高雄人稱這裡為「磚仔窯」，是「中都唐榮磚窯廠」的廠房，目前已不再生產。紅磚的日文是「煉瓦」，中都唐榮磚窯廠的前身為「鮫島商行煉瓦工場」（1899 年），是打狗最早設立的煉瓦工場，由日本人鮫島盛出資成立，兩年後由後宮信太郎接手。

隨著台灣縱貫鐵道工程的推進，對煉瓦的需求日益增加，後宮在這裡建置新式的「蒸籠窯」以提高產量，接著再從日本引進當時世界最先進的「八卦窯」（又稱「霍夫曼窯」），可以 24 小時作業的特性讓產量迅速攀升，一舉成為當時台灣規模最大的磚窯廠，提供大量紅磚建材供縱貫鐵道修築之用，後宮也得到「台灣煉瓦王」的稱號。

隨著日本的統治進入穩定期，經濟快速發展，後宮開始擴大事業規模，改以株式會社的型式繼續經營，鮫島商行煉瓦工場改名為「台灣煉瓦株式會社打狗工場」，受惠於總督府大量修建官方建築所帶來的需求，工場持續擴充產能。這裡出產以乾式壓磚機印壓「TR」（Taiwan Renga）標誌的一級磚，表面光整、品質精良，價格也比其他磚場生產的煉瓦高出不少，南台灣許多重要的建築幾乎都是採用這裡所生產的磚塊，包括高雄市役所、打狗英國領事館官邸整修、高雄武德殿、逍遙園、台南州廳等。

戰後幾經移轉，最後由唐榮鐵工廠購入接手，以生產耐火磚聞名，是鍋爐內壁的重要材料，中鋼、台船均有使用，從這個角度來說，中都磚窯廠對於高雄重工業發展也有不小的貢獻。中都唐榮磚窯廠直到 1985 年才停工廢廠，目前廠區內遺留八卦窯一座、外國技師興建的倒焰窯三座、實驗窯及隧道窯各一座，另有兩座磚砌煙囪，已被指定為國定古蹟，來到這裡可以看到台灣 20 世紀磚材產業發展的歷程。

🏠 高雄市三民區中華橫路 220 號

🚇 捷運 R11 高雄車站 2 號出入口出站，轉乘紅 27 公車在中都磚窯廠（川東里）站牌下車，徒步約 3 分鐘

🕐 10:00 ～ 17:00

📅 週一

地圖

中都濕地公園

　　2011 年闢建的「中都濕地公園」，與台灣煉瓦株式會社打狗工場的成立時間雖相差逾百年，兩者間卻有著密不可分的因果關係。

　　戰後高雄是台灣木材加工重鎮，原木從南洋經由高雄港進口後，需要先存在水池，除了可以防止龜裂，也可以讓木頭釋出樹脂，延長壽命。當時打狗工場燒製紅磚的泥土原料，就地取材自工場後方的田地，留下來的窪地、水塘成了儲木的理想地點，加上中都地區緊臨愛河，具有地利優勢，原木從高雄港進口後就可以順著河道拖來這裡存放。木業公司將這些水塘改造為儲木池，並吸引眾多合板木業者聚集設廠，加工後再從高雄港外銷，曾為台灣賺取不少外匯，根據統計，1970 年代這裡曾有多達 25 家合板工廠。後來產業外移，閒置多時的合板木業廠房及儲木水池和水道雜草叢生、病媒蚊孳生，讓人避之唯恐不及。

　　經由市政府的改造，利用當地的環境特性，將這裡開發為一處蘊含豐富物種的濕地公園，最特別的是藉由愛河與海水連接的特殊條件，成功復育已然消失的紅樹林。走在與遊客服務中心聯接的吊橋上，可以觀察紅樹林的生態，是一大特色。原木散落點蕆在公園內，有的從舊渠道挖掘出來，為曾經興盛的儲木歲月留下可供追尋的線索。

地圖

網站

🏠 高雄市三民區同盟三路與十全三路交叉處

🚈 捷運 R11 高雄車站 2 號出入口出站，轉乘紅 52 公車在中都濕地公園站牌下車

🕐 全天開放（建議白天前來）

🌐 pwbgis.kcg.gov.tw/zhongdu1/

R12 後驛站

Houyi（KMU）Station

　　高雄市的道路在日治時代的市區計畫下，開闢的筆直工整，從南往北是從一到十以數字命名的馬路，每個高雄人都能朗朗上口，也是分辨是不是高雄人的最佳方法。捷運紅線穿過高雄車站地底，經過「十全路」後，在察哈爾街口附近設站，周圍的街道多以中國北方及西方的省份都市來命名，周邊並無大型商業設施，以小賣店及住家為主，副站名標示的「高醫大」位於 2 號出口外約 700 公尺處，院方在白天有闢駛接駁車載客。

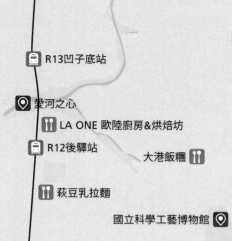

🚊 R13凹子底站

📍 愛河之心

🍴 LA ONE 歐陸廚房&烘焙坊

🚊 R12後驛站

大港飯糰 🍴

🍴 萩豆乳拉麵

國立科學工藝博物館 📍

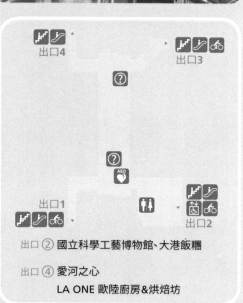

出口4

出口3

出口1

出口2

出口 ② 國立科學工藝博物館、大港飯糰

出口 ④ 愛河之心
　　　　LA ONE 歐陸廚房&烘焙坊

愛河之心

從後驛站出站後沿著博愛路往北走幾分鐘後，可以來到愛河的中上游，原本不甚寬闊的河面從此處開展，兩旁是規劃完善的步道和綠帶。橫跨馬路上方特地打造一條自行車道，每天晨昏總吸引著許多人在此騎車、散步，夜晚的燈光將這裡點綴出浪漫氣息。

🚇 捷運 R12 後驛站 4 號出入口徒步約 5 分鐘

🕐 全天開放（建議傍晚時刻前來）

地圖

國立科學工藝博物館

「國立科學工藝博物館」是台灣第一座以應用科學為主題而設置的博物館，工程規模龐大，歷時 7 年才完工，於 1997 年開館。博物館設置在原 6 號公園內，從大門到本館兩旁種植高聳挺拔的大王椰子樹，十足南國風情。廣場中央一座由四隻龍撐起三層環圈所組合的球體，是古代研究天文的主要儀器「渾天儀」，六合儀、三辰儀、四游儀環環相扣的構造，隱含各種科學知識間密不可分的關係。

渾天儀

　　科工館樓整體樓板面積非常大，仔細看展的話至少要半天以上，多達 18 個展示館分成「科技歷史與傳承」、「資訊與能源」、「生活中的科技」、「材料與機械」等主題，無論是常設展或特展均呈現相當高的水準，展覽內容更是老少咸宜，例如位於 6 樓的「希望‧未來‧莫拉克風災紀念館」，完整紀錄了這個讓高雄人難忘的巨大災害，並藉此提高民眾面對災害的風險意識，沉浸式劇場以影片及豐富的聲光效果，讓人可以在 10 分鐘內回顧整起災害與人類面對大自然反撲所應有的省思，展現製作的用心。同一樓層的「台灣工業史蹟館」介紹台灣工業發展的軌跡，從輕工業、客廳即工廠、加工出口到如今的半導體電子業，展示的內容與深度都讓人印象深刻。由於是國立設施，門票很親民，全票只要 100 元，是來到高雄旅行時非常推薦的一個地方。

1 | 2
　 | 3

1. 工業史蹟館展示的湯姆金針織機　2. 沉浸式劇場　3. 莫拉克風災重建展示館重現當時救災情形

地圖　　網站

🏠 高雄市三民區九如一路 720 號

🚇 捷運 R12 後驛站轉乘紅 28 號公車至科工館站牌下車，或搭台鐵至科工館車站下車步行約 10 分鐘

🕘 9:00 ～ 17:00

📅 週一、除夕、年初一

💲 全票 100 元、學生優待票 70 元、65 歲以上 50 元（假日），6 歲以下、65 歲以上免費（平日）

🌐 www.nstm.gov.tw

食.info

大港飯糰

餵飽高醫學生的老字號傳統飯糰

🏠 高雄市三民區山東街 190 號 🚇 捷運 R12 後驛站 2 號出入口徒步 12 分鐘
🕐 5:30 ～ 11:15 👍 鹹蛋黃飯糰、蛋餅

地圖

網站

萩豆乳拉麵

豆乳為湯底的濃郁素食拉麵

🏠 高雄市三民區松江街 213 號 🚇 捷運 R12 後驛站 2 號出入口徒步 4 分鐘 🕐 11:00 ～ 14:00、17:00 ～ 20:00 👍 味噌豆乳拉麵、泡菜豆乳拉麵

地圖

網站

LA ONE 歐陸廚房 & 烘焙坊

餐點與麵包都好吃的人氣法式餐廳

🏠 高雄市三民區博愛一路 380 號 🚇 捷運 R12 後驛站 3 號出入口徒步約 4 分鐘 🕐 8:00 ～ 21:00（烘焙坊 10:00 ～ 21:30）👍 酥炸海鮮、鳳梨費南雪、咖啡

地圖

網站

R13 凹子底站
Aozihdi Station

　　位於捷運紅線中心位置的凹子底站，站名顯得相當特別，清領時期這一帶因地勢低窪，稱為「漯仔底」，日治時期把地名簡化改為凹仔底。在千禧年以前，高雄市的經濟發展重心及人口主要集中在所謂南高雄，也就是高雄車站以南，當時凹子底依然留有許多農田，然而不到 20 年的光景，凹子底站周邊成了高雄發展最快、變化最多的區域之一，高級住宅林立，人口增加得速度飛快。

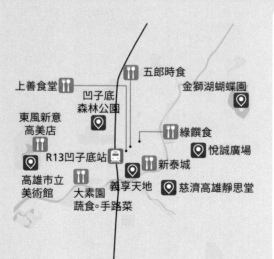

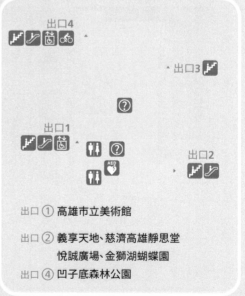

出口4

出口3

出口1

出口2

出口 ① 高雄市立美術館

出口 ② 義享天地、慈濟高雄靜思堂
　　　　悅誠廣場、金獅湖蝴蝶園

出口 ④ 凹子底森林公園

義享天地

緊鄰凹子底站 1 號出入口外原龍華國小校地,正由富邦集團興建超高複合式商業大樓,採雙塔型式,高塔 48 層,樓高(含屋突)約 230 公尺,規劃作為辦公室,低塔也達 25 層,將有旅館進駐,連接兩塔的空間規劃為商場,預計 2023 年完成。

從 2 號出入口出站,沿著博愛路左轉大順路,就可以看到一棟高聳的建物,約 5 分鐘的步行距離就能抵達。這棟由義聯集團投資興建的「義享天地」樓高 31 層,從地下 2 樓到 7 樓是百貨公司、精品、超市及主題餐廳,8 樓以上是 Marriot 萬豪酒店,有多達 700 間客房,是高雄規模最大的五星級飯店。斜後方一棟高度相當的是 B 館,動工較晚時間,規劃作為購物商場、大型影城及企業商辦,這兩大開發案完成後將會徹底改變凹子底的風貌。

🚇 捷運 R13 凹子底站 2 號出入口
徒步約 5 分鐘

🌐 www.eskyland.com.tw/

地圖　　　　網站

 食info

新泰城
泰國官方認證風味道地的泰式料理店

🏠 高雄市左營區大順一路 222 號　🚇 捷運 R13 凹子底站 2 號出入口徒步約 7 分鐘　🕐 11:00 ～ 14:30、17:00 ～ 21:30

👍 清蒸檸檬魚、月亮蝦餅、泰式炒河粉

地圖　　　　網站

慈濟高雄靜思堂

　　位在愛河畔的高雄靜思堂，承襲慈濟花蓮靜思精舍人字造型，從遠處就能看到慈濟建築特有的兩個八字造型，展現佛法精神，進行無聲的說法。從大愛廣場進入室內，一尊莊嚴的萬佛銅像矗立正中央，是雕刻大師朱銘的作品，虔心禮佛三拜後，心境也跟著平穩下來。

　　即便不是慈濟志工或是佛教徒，高雄靜思堂的大門也總是敞開歡迎所有人的到訪，裡面有對外營業的「靜思書軒」，販售書籍與許多實用商品，也可在悠靜的空間喝杯咖啡；萬佛旁兩側斜坡上介紹慈濟志工的足跡，2 樓以環境教育為主題規劃了「氣候變遷館」、「低碳生活館」，展示的內容貼近生活，參觀者能深入了解氣候變遷的生成，以及可為地球做些什麼，以減緩暖化速度；5 樓壯觀的講經堂媲美西方教堂，是最重要的一處聚會場所。每年五月浴佛節、七月吉祥月、十二月的歲末祝福是慈濟年度三大盛事，任何人都能參加，可為自己或家人祈福。

1
2
3
4

1. 萬佛像
2. 靜思書軒
3. 講經堂
4. 慈濟高雄靜思堂

🏠 高雄市三民區河堤南路 50 號

🚇 捷運 R13 凹子底站 2 號出入口徒步約 15 分鐘

🕐 8:00 ～ 18:30

地圖　　　　網站

悅誠廣場

　由建設公司轉投資成立的一處社區型百貨商場，坐落在交通量龐大的民族路與大順路口，明亮的外觀設計充滿綠意，想必讓停等在路口紅綠燈車陣的駕駛人，舒緩不少煩雜的心情。從大門進入，挑高 15 公尺的大型書牆讓人感到驚艷，洋溢著書香氣息，超過 4 萬本的圖書環繞整個賣場，店內的動線沿著書櫃構成，手扶梯旁有許多座位，看到喜歡的書可自由拿取，找個舒適的空間坐下來享受閱讀，賣場反而像是開在圖書館裡的配角。主要核心店之一是位於 2 樓的誠品書店，和大遠百的旗艦店相比算是小而美，紅色的電話亭呈現英倫經典元素。

　悅誠廣場裡的餐飲比重頗高，有掌門精釀啤酒、鴨寮街、愛雨林、棉花堡土耳其餐廳、雲咖啡、豐悅匯 BUFFET、探饍鐵板燒、春水堂等大店，多種選擇可滿足消費者不同的需求。

1	3	4
2		

1. 誠品書店 2. 挑高的大書牆
3. 雲咖啡 4. 書架環繞著賣場

地圖

網站

🏠 高雄市三民區民族一路 427 號

🚇 捷運 R13 凹子底站 2 號出入口徒步約 20 分鐘，或轉乘 168 東公車在大順民族路口站下車

🕐 11:00 ～ 21:30

🌐 www.joyplaza.com.tw/

1. 生態濕地 2.凹子底站 4 號出入口外的整齊海棗樹 3. 凹子底森林公園

凹子底森林公園

捷運凹子底站原本規劃作為長期路網的交會站，因此車站空間比一般標準站大了許多，經過長通道從 4 號出入口出站，薄膜頂篷的設計像一顆白色香菇頭，這一側是所謂的農十六重劃區，緊鄰出口是高雄市新都心預定地。正對出入口寬闊的步道兩旁，常綠的海棗樹直挺挺的整齊排列，彷彿一條迎賓大道，順著直走就能抵達「凹子底森林公園」。

公園面積約 10 公頃，略小於中央公園，全區以生態工程打造，減少柏油水泥，遍植適合高雄亞熱帶氣候，以及會隨季節變化的樹種與開花植物，包括黃花風鈴木、洋紅風鈴木、苦楝、阿勃勒、台灣欒樹、藍花楹等，園內西南角的生態濕地旁種植落羽松，水池除了可以滯洪，在高雄酷熱的夏天可藉由水氣對流原理，引進西南氣流，達到降低暑氣的效果，搭配完善的行人步道與休憩空間，是附近居民最愛的休閒場所。

🚆 捷運 R13 凹子底站 4 號出入口徒步約 5 分鐘
🕐 全天開放
🌐 pwbgis.kcg.gov.tw/aouzihdi/

地圖　　　網站

金獅湖蝴蝶園

　　位於高雄市東北面的愛河上游覆鼎金一帶有一片水域，與獅頭山比鄰而居，因此有個響亮的名字「金獅湖」，水域面積稱不上遼闊。供奉太子爺的「覆鼎金保安宮」背山面湖，氣派地矗立在湖畔，廟埕前的橋梁連接到對岸牌樓，已經成為這裡代表性的景色。靠近湖的北側有另一間廟宇「道德院」，奉祀太上道祖，是正統道教修行地，同樣參拜者眾。

　　在保安宮後方的獅山公園裡，有一座全台最大的網室蝴蝶園「金獅湖蝴蝶園」，可近距離觀察蝴蝶的生態。蝴蝶園分為兩館，A 館面積較大，種植五顏六色的花卉，像是馬纓丹、番茉莉、繁星花、矮仙丹、濕生及芸香植物，打造成適合蝴蝶棲息復育的熱帶花園樣貌，並設有賞蝶空橋，可以看到多達 30 種的蝴蝶，包括大白斑蝶、紅紋鳳蝶、淡小紋青斑蝶、黃裳鳳蝶、綠斑鳳蝶、端紅蝶等，蝴蝶在網室裡輕舞飛揚，常有人特地帶著專業設備來這裡拍攝，是都會中難得的賞蝶秘境。

$$\frac{1}{2}$$

| 3 | 4 |

1. 保安宮
2. 道德院
3. 金獅湖蝴蝶園
4. 蝴蝶園打造蝴蝶容易繁衍的環境

地圖

🏠 高雄市三民區鼎金一巷 25 號

🚇 捷運 R13 凹子底站 2 號出入口轉乘紅 33 或 168 東公車，至金獅湖站牌下車徒步約 5 分鐘

🕐 9:00 ～ 17:00

📅 週一

高雄市立美術館（內惟埤文化園區）

　　「內惟埤文化園區」是市區中少見的完整大片綠地，足足比凹子底森林公園大了4倍，「高雄市立美術館」座落其間，是最主要的設施。高雄市立美術館自1994年開館以來，一直是南部地區美術研究、典藏及推廣重鎮，曾策劃許多精彩的展覽，例如「國之重寶展」、「黃金印象：奧賽美術館特展」、「草間彌生亞洲巡迴展」等，每每總吸引可觀的觀展人潮，戶外空間連續舉辦多年的草地音樂會，更是高雄市民每到春天最期待的音樂饗宴。高雄市立美術館於2020年中啟動開館以來規模最大的整修，斥資進行「蛻變與新生」的外觀改造，以升級的新面貌，展現作為高雄文化地標的軟實力。

　　除了美術館，園區內還有台灣藝術教育館、兒童美術館、雕塑公園、戶外音樂表演場、人工湖泊、螢火蟲復育區、濕地沼澤區等，融合藝術文化、創意、生態及教育。雕塑公園有37件藝術作品，由國內外名家創作，依地形陳列在各處，隨著每天不同時段的光影展現多樣的風貌，是來此探訪時的一大樂趣。湖區生態公園立著各式藝術創意標誌，是由創作者觀察園區內民眾普遍的行為後，所設計的貼心提醒，例如「嚴禁烤鴨」（水鴨僅供觀賞）、「畢卡索出沒」（這裡經常有藝術家出入）、「禁止野放」（請顧好小孩不要走失）、「嚴禁泡湯」（沼澤溼地不提供養身用途）、「禁止阿魯巴」（不得違規使用園區樹木），有趣的文字搭配搞笑的圖案，讓人看了不禁莞爾一笑。

1 | 2
　| 3　　1. 高雄市立美術館 2. 雕塑公園 3. 美術館常看到騎警隊巡邏

整個內惟埤文化園區呈現梯形，幅員完整，環繞外圍一圈約 2.6 公里，沒有車輛的干擾，是高雄最佳的散步及慢跑步道，每天都有許多跑步愛好者在此練跑，宛如東京皇居的景象，整齊種植在人行道上小葉欖仁樹，被公認是高雄最美的散步道，每逢初夏新綠綻放，是最佳觀賞時節。

1 | 2　1. 小葉欖仁並木 2. 藝術創意標誌

地圖　　網站

🏠 高雄市鼓山區美術館路 80 號

🚇 捷運 R13 凹子底站 1 號出入口轉乘紅 32、紅 35A 公車至美術館站牌下車

🕐 11:30 ～ 17:30，週末 9:30 ～ 17:30

📅 週一、除夕

💲 全票 90 元、優待票 45 元，高雄市民及 65 歲以上平日免費

🌐 www.kmfa.gov.tw/

食info

大素園蔬食。手路菜
素食者也能吃到美味的鱔魚麵

🏠 高雄市鼓山區大順一路 939 號 🚇 捷運 R13 凹子底站 1 號出入口徒步約 8 分鐘 🕐 11:00 ～ 14:30、17:00 ～ 20:30 📅 週二 👍 素鱔魚意麵、三杯猴頭菇

地圖

網站

東風新意高美店
選擇豐富的天然蔬食創意熱炒

🏠 高雄市鼓山區中華一路 888 號 🚇 捷運 R13 凹子底站 1 號出入口搭紅 32 公車，在市立聯合醫院站牌下車徒步 4 分鐘 🕐 11:00 ～ 14:00、17:00 ～ 21:00 👍 檸檬醋溜椰仁、金沙南瓜、石榴捲、松綠炒飯

地圖

網站

食info

五郎時食

專賣蔬食的無菜單日本料理店

🏠 高雄市左營區富民路 66 號 🚇 捷運 R13 凹子底站 3 號出入口徒步約 4 分鐘 🕐 11:30 ～ 14:00、17:30 ～ 21:00 👍 握壽司、串烤、煮物

地圖　　網站

上善食堂

宛如媽媽手藝的家常飯麵料理

🏠 高雄市左營區忠言路 175 號 🚇 捷運 R13 凹子底站 3 號出入口徒步 3 分鐘 🕐 11:30 ～ 14:00、17:00 ～ 20:00 📅 週六 👍 香椿麵、紅油大抄手、蔬菜蓋飯

地圖

網站

綠饌食

洋溢文青風的平價素食傳統小吃

🏠 高雄市左營區至聖路 165 號 🚇 捷運 R13 凹子底站 3 號出入口徒步 8 分鐘 🕐 10:30 ～ 19:30，週日 10:30 ～ 14:00 📅 週一 👍 松露拉麵、碗粿、米糕

地圖

網站

R14 巨蛋站
Kaohsiung Arena Station

　　在台灣，只要是大型的室內體育場館，總喜歡以「巨蛋」來命名，與高雄捷運一樣採 BOT 方式興建的高雄市現代化綜合體育館也不例外，在規模上雖然無法進行棒球賽事，依然直接取名為「高雄巨蛋」，最多可容納 1 萬 5 千人，能舉辦符合國際奧會標準的藍球、排球比賽，在 2007 年 9 月完工啟用，較捷運紅線早了約半年，因此捷運站也沒什麼異議的以「巨蛋」為名，不過卻忽略了這個名詞其實是外來語，結果造成台語、客語在車上播放站名時的困擾，最後只好將國台客三種語言都以「巨蛋」發音，是一大特色。

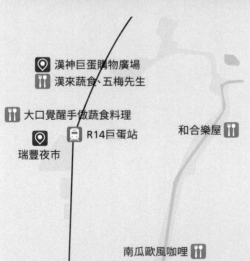

📍 漢神巨蛋購物廣場
🍴 漢來蔬食、五梅先生

🍴 大口覺醒手做蔬食料理
📍　　　🚇 R14巨蛋站　　和合樂屋 🍴
瑞豐夜市

南瓜歐風咖哩 🍴

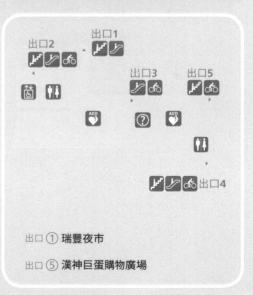

出口 ① 瑞豐夜市

出口 ⑤ 漢神巨蛋購物廣場

漢神巨蛋購物廣場

　　比起體育賽事，高雄巨蛋舉辦演唱會及辦展覽的機會反而比較多，舉凡五月天、江蕙、張惠妹、蔡依林等知名歌手都曾在這開過演唱會，高雄國際動漫節、旅展、寵物展等也經常在此舉辦。

　　不過真正帶來穩定客源的是與場館相連的「漢神巨蛋購物廣場」。外地人大概很難想像高雄人對漢神百貨的偏愛，這間在 2008 年中開幕的漢神百貨第二間店，由於能精準掌握消費者喜好與味蕾，像是引進南部第一家「鼎泰豐」、全台第一家「餃子的王將」，還有人氣始終不墜的「漢來海港」吃到飽自助餐，許多新品牌也都優先在此設櫃，近年已站穩稱高雄百貨業龍頭的位置，每逢假日停車場總是一位難求。漢神巨蛋對於行銷也不手軟，除了時常改裝維持消費者的新鮮感，也經常舉辦各種推廣日本地方文化的活動，每年到了 10 月週年慶期間總會以不同主題，大規模妝點 1 樓的戶外廣場，成為最佳拍照景點，求新求變的創意也是成為吸引人不斷回流的一大特色。

1 / 2

1. 漢神巨蛋購物廣場及巨蛋體育館
2. 週年慶期間主題裝飾
3. 四國德島阿波舞推廣

地圖

網站

🏠 高雄市左營區博愛二路 777 號

🚇 捷運 R14 巨蛋站 5 號出入口徒步約 3 分鐘

🕐 週一～四 11:00 ～ 22:00，週六及例假日 10:30 ～ 22:30，週五及假日前一天 11:00 ～ 22:30

🌐 www.hanshin.com.tw/tw

瑞豐夜市

　　同樣屬於後起之秀的「瑞豐夜市」，由於鄰近捷運站交通方便，加上商圈往北高雄轉移，已成為高雄人最愛逛的夜市，每逢假日夜晚，靠近南屏路夜市入口附近的路口，行人與車潮交織穿梭，已成為每週末固定上演的景象。瑞豐夜市約有 1,000 個格位，靠入口這邊前幾排都是飲食攤位，之後以衣服、飾品、雜貨為主，後半段則是遊戲及飲食攤位，選擇真的很多元，美食也不勝枚舉，建議跟著人潮排隊就對了。

地圖　　　　網站

🏠 高雄市左營區裕誠路及南屏路口
🚇 捷運 R14 巨蛋站 1 號出入口徒步約 3 分鐘
🕐 傍晚～深夜
📅 週二、週四
🌐 www.facebook.com/rueifong

食info

漢來蔬食
以有機食材呈現九大類豐富料理

🏠 漢神巨蛋百貨 5F 👍 松露野菇菌餃、芋頭糕、陳醋香椿脆三絲、宮保猴菇素丁、豆花

網站

五梅先生
位於美食街的漢來平價新品牌

🚇 漢神百貨本館 B3、漢神巨蛋 B1 👍 椒麻醬香拌麵、咖哩香酥黃金排飯

網站

食info

和合樂屋

道地日本風味的超人氣蔬食居酒屋

🏠 高雄市三民區鼎瑞街 110 號 🚇 捷運 R14 巨蛋站 4 號出入口徒步約 20 分鐘 🕐 11:30 ～ 14:00，17:30 ～ 21:00 👍 胡麻冷麵、香蕉春夾揚、親子丼

地圖

網站

南瓜歐風咖哩

現場料理搭配薑黃飯的咖哩專賣店

🏠 高雄市三民區河堤路 308 號 🚇 捷運 R14 巨蛋站 4 號出入口徒步約 16 分鐘 🕐 11:00 ～ 15:00，17:00 ～ 22:00(周末下午不休息) 👍 蔬菜咖哩蛋包飯、南瓜鍋

地圖

網站

大口覺醒手做蔬食料理

講究食材原型與鮮度的歐風料理

🏠 高雄市左營區南屏路 106 號 🚇 捷運 R14 巨蛋站 1 號出入口徒步約 12 分鐘；台鐵左營站徒步約 8 分鐘 🕐 11:00 ～ 14:00、17:00 ～ 21:00 👍 燉飯、義大利麵、甜彩根蔬果汁

地圖

網站

R15 生態園區站
Ecological District Station

　　列車抵達生態園區站後走出車廂，可以聽到月台播放融合打擊樂及鳥叫聲的離站警示音樂，完全契合站名。走出車站，雖有一處社區公園，卻與一般人對生態公園的想像有些落差，其實成為車站命名依據的植物園，距離捷運站尚有 600 公尺遠，從 2 號出入口出站直走遇孟子路右轉到底方能抵達，如果在日本，這一站應該會命名為「生態園區前」吧。

◎ 洲仔濕地公園

　　　　◎ 原生植物園

都市森林浴場 ◎　　　圖書館左新分館 ◎

　　　　R15生態園區站 🚆

ECO BURGER 愛客漢堡 🍴

出口2

出口1

出口 ② 都市森林浴場
　　　　原生植物園
　　　　洲仔濕地公園
　　　　圖書館左新分館

生態園區

生態園區由「原生植物園」及「都市森林浴場」組成。原生植物園位在台鐵與高鐵的軌道旁，園區以生態工法打造，讓園區以接近大自然的面貌呈現，流水貫穿植物園匯入生態池，水生植物散佈其間，一旁仿柴山地質打造珊瑚礁小丘，讓景觀更加豐富。圍籬外是台灣高鐵左營站的臨時駐車區，回送的 700T 車輛在執行下一趟的任務前，會短暫在此調度停靠。

與原生植物園都市比鄰的都市森林浴場，則有茂密的樹林，將高雄出了名的熱情艷陽阻隔在外，感覺氣溫瞬時降了好幾度，森林內盡量保持原始的樣貌，吸引許多鳥類作為棲地，樹叢裡蟲鳴鳥叫，讓人立刻跟車站的地景音產生連結。這裡還復育了台灣窗螢、水生黃綠螢等螢火蟲，夏秋兩季夜晚前來，有機會能看到螢火蟲飛舞亮光點綴夜空的畫面。

🚇 捷運 R15 生態園區站 2 號出入口徒步約 8 分鐘

🕐 全天開放

原生植物園地圖　　都市森林浴場地圖

```
        1
2  ┌───────
3  │  4
```

1. 原生植物園內仿柴山造景
2.3. 都市森林浴場　4. 原生植物園

洲仔濕地公園

　　從都市森林浴場走上「蓮潭自行車道」，橫跨車輛熙來攘往的省道台 17 線（翠華路），正前方就是蓮池潭了。下橋後在橋的右邊有高雄第一個成立的「洲仔濕地公園」，利用早期水稻與菱角輪耕的窪地改建而成，與緊鄰的蓮池潭、龜山、原生植物園、半屏山串連成寶貴的生態廊道。

　　1865 年英國首任打狗領事史溫侯（Robert Swinhoe，1836 ～ 1877 年），在打狗的一處水塘發現「菱角鳥」，為台灣特有種，長尾水雉從此正式列入台灣鳥類記錄，發現地點就在蓮池潭畔附近。水雉體型飽滿，頭至頸部大致為白色，後頸為金黃色，尾羽優美修長，五月是羽毛最美的時候，菱角田正是水雉最喜歡的棲息環境，因此洲仔濕地公園成立後即訂出「水雉返鄉計畫」，致力營造適合水雉生長的棲地及繁殖地，經過幾年的努力已有所成，常可見到賞鳥人士佇立水塘邊、拿著長鏡頭捕捉又稱「凌波仙子」的水雉姿態。

地圖　　　網站

🏠 高雄市左營區環潭路 58 號

🚇 捷運 R15 生態園區站 2 號出入口徒步約 18 分鐘

🕐 解說中心周邊（管理服務區）週二至日 9:00 ～ 12:00、14:00 ～ 17:00
限制開放區域（環境教育區）週二至日 9:00 ～ 12:00、14:00 ～ 17:00，需 2 週前預約，由導覽人員帶領一同進出；每月前三週週日一般遊客無需預約即可進入參觀。

🌐 pwb.kcg.gov.tw/chouchaiwetlandpark/

圖書館左新分館

全高雄距離捷運站最近的圖書館非左新分館莫屬，就位在生態園區站 2 號出入口前方。這棟新穎的圖書館與左營國中學生活動中心共構，外觀融入左營在地特產及歷史文化意象，以左營當地荷葉、蓮蓬、菱角田為造型，將左營舊城門及蓮池潭等圖騰，運用在大門旁紅瓦牆面設計上，具有文化傳承之意。

地圖

網站

🏠 高雄市左營區博愛三路 453 號

🚈 捷運 R15 生態園區站 2 號出入口出站即達

🕐 9:00 ～ 21:00（週日至 17:00）

🗓 週一

🌐 www.facebook.com/zuoxin.fans

食info

ECO BURGER 愛客漢堡
原來不用肉的素食漢堡也可以這麼好吃

🏠 高雄市左營區崇德路 290 號 🚈 捷運 R15 生態園區站 1 號出入口徒步 5 分鐘 🕐 11:00 ～ 21:00 🗓 週二 👍 豆腐金剛堡、辣味雞排堡

地圖

網站

R16 左營站
Zuoying (THSR) Station

　　捷運左營站是唯一能轉乘台鐵、高鐵的三鐵共構大站，每天乘車旅客也高居系統之冠。從月台上到穿堂層，可直接通往台鐵月台或是新光三越百貨彩虹市集；從最多人利用的 1 號出入口出來，就是高鐵左營站及公車轉運站，可在此搭乘客運前往墾丁。高雄捷運公司特地在穿堂層 1 號出入口的手扶梯前設置服務台，除了提供旅遊諮詢服務，同時販售各式一卡通票卡與捷運原創商品。

再見捌捌陸-臺灣眷村文化園區
哈囉市場
左營孔廟
杏福巷子　金華酥餅 中外餅舖
舊城孔廟
玄天上帝
鳳邑舊城 城隍廟　春秋御閣
左營舊城　龍虎塔
蓮池潭風景區
見城館

R16左營站

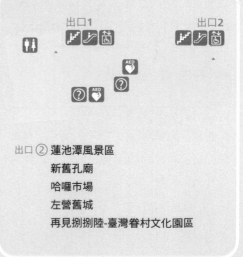

出口1　　　　　　　出口2

出口 ② 蓮池潭風景區
新舊孔廟
哈囉市場
左營舊城
再見捌捌陸-臺灣眷村文化園區

蓮池潭風景區

　　高雄的觀光地如果論資排輩，大概所有景點都要尊稱「蓮池潭」一聲前輩，在清領時期就以「泮水荷香」名列鳳山八景之一，至今依然遊人如織，是高雄具代表性的景點。在蓮池潭的右下角有一棟「高雄物產館」，從這裡可以看到蓮池潭南倚龜山、大型宗教名勝矗立池畔，攝影師 Ell Costi 挑選亞洲八座「最具代表性的壯麗廟宇」，龍虎塔、春秋閣、玄天上帝均榜上有名，三大景點均有可觀之處，且位在一直線上，利用完善的環湖步道就能徒步逐一探訪。

1	2
3	

1. 蓮池潭風景區
2. 高雄物產館
3. 龜山

━ 龍虎塔

　　提到蓮池潭，想必許多人在腦海裡都會浮現出「龍虎塔」，左龍右虎搭配七重高塔，有佛教「七級浮屠」之意，呈現鮮明的東方文化意象，已成為各國旅客來高雄的必訪景點，知名度遠高於出資興建的「慈濟宮」。

　　奉祀保生大帝的慈濟宮就位在龍虎塔對面，相傳是鄭氏王朝將領劉國軒奉祀於戰艦上之守護神，龍虎塔是依保生大帝的意旨在 1974 年於蓮潭畔興建。從廟前經過曲折的橋走到入口，切記要「龍口進、虎口出」，因為能從虎口出來代表虎口餘生，有逢凶化吉之意，並能有一整年的好運氣，可千萬別走錯了。

　　龍虎的內部原先都以壁畫繪製，2013 年邀請交趾陶大師謝東哲加入創作，龍身內壁以二十四孝、地獄十殿等勸世故事為題，虎身內壁則以玉皇大帝三十六宮將圖和十二賢士構思，色彩鮮艷，人物躍然生動，龍虎塔也成為台灣首座隧道式的交趾陶作品。走到龍尾時，可擇一塔登高，在塔頂可鳥瞰整個蓮池潭，隸屬壽山國家自然公園一部分的龜山就近在眼前，往北望去依序是五里亭、玄天上帝像、孔子廟及半屏山，潭面有人划舟，塔的後方有全台唯一纜繩滑水場地，是這項運動的最佳練習場地。豐富的水上活動讓原本平靜的水面掀起陣陣波紋，也為蓮池潭增添不少宗教以外的青春氣習。

1	2
3	4

1. 龍虎塔，要從龍口進虎口出 2. 虎身內的交趾陶作品 3. 登塔俯瞰龍虎 4. 慈濟宮

地圖　　網站

🏠 高雄市左營區蓮潭路 9 號

🚆 捷運 R16 左營站 2 號出入口出站轉搭紅 51 公車，在蓮池潭（勝利路）站牌下車徒步約 2 分鐘

🕐 6:00 ～ 21:00

🌐 www.facebook.com/ChengyiZuoyingCihJiTemple/

━ 春秋御閣

離開龍虎塔沿著步道往北，這一段池畔是蓮花最密集種植的地方，康熙年間的《鳳山縣志》記載：「蓮池潭，在縣城興隆里北門外，潭修日廣，荷花滿沼，香聞數里，今為文廟泮池。」對照現況，荷花的規模顯然小了許多，文廟也換了位置。不遠處就是歷史比龍虎塔更悠久的景點「春秋閣」。雖然早在清代這裡即以蓮池潭為名，但春秋閣建成後名氣可響亮多了，當時少有人以蓮池潭稱呼，只要提到春秋閣，就知道要去一處位在水邊、有著傳統樓閣的風光明媚景點。事實上春秋御閣的建築典雅，當地人也認為這裡才是蓮池潭真正的「穴場」，亦即不為人知的好地方，值得細細品味，如果只逛龍虎塔後隨即離開左營，那就真的太可惜了。

在 1953 年落成的春秋閣由「春閣」、「秋閣」兩座樓閣組成，為四層寶塔，每一層均為八角造型，由對面的左營「啟明堂」興建，奉祀關聖帝君，築春秋二閣源自武聖讀春秋之意，這處早期高雄市最具代表性的景點，是許多南部 5、6 年級生小時候遠足的共同回憶，那個世代每個人幾乎都有以春秋閣為背景的照片。之後啟明堂陸續在潭中增建五里亭，並修築觀音大士騎龍聖像於春秋御閣之間，盤龍規模比龍虎塔的龍身長上一倍有餘，可自由入內參觀再連接九曲橋通往五里亭。

地圖

網站

🏠 高雄市左營區蓮潭路 36 號

🚇 捷運 R16 左營站 2 號出入口出站轉搭紅 51 公車，
在蓮池潭（勝利路）站牌下車徒步約 4 分鐘

🕐 4:00 ～ 21:30

🌐 www.zycmt.org.tw/

食info

金華酥餅

每天出爐五次都銷售一空的燒餅老店

🏠 高雄市左營區蓮潭路 60-2 號

🚃 春秋閣徒步約 2 分鐘（中外餅舖旁） ⏰ 7:30 ～ 16:00

👍 甜燒餅

地圖

杏福巷子

在百年老厝享用古早味杏仁茶

🏠 高雄市左營區左營下路 45 號 🚃 春秋閣徒步約 5 分鐘 ⏰ 11:00 ～ 19:00 📅 週一 👍 杏仁茶配油條

地圖

網站

 伴手禮推薦

中外餅舖

　　獲獎無數的蓮池潭畔百年老店，結合庇護工場，綠豆糕作成「棋餅」，盒子還附上象棋的紙棋盤，可以邊玩邊吃，各式傳統糕點品項齊全。

地圖

網站

🏠 高雄市左營區蓮潭路 60-1 號

🚃 春秋閣徒步約 2 分鐘

⏰ 8:00 ～ 21:00

🌐 xn--w2xs0d761ckod.tw/

一 玄天上帝

蓮池潭畔最醒目的神像是由「元帝廟」所建的玄天上帝像，手持七星寶劍、左腳踏著蛇龜，居高臨下，以威風凜凜的姿態守護眼下眾生。從牌樓入內，連接神像的橋梁兩旁，以青斗石雕刻而成的將官整齊排列，通往鐘樓與鼓樓，玄天大帝居中而立，神像含基座高 22 公尺，據稱是東南亞最高的水上神像。靠近蓮池潭這裡是北極亭，又稱「左營大廟」的元帝廟位於約 200 公尺外的左營下路，早在左營土城建立前就已經存在，每年農曆三月初三玄天上帝誕辰日，信眾自各地湧入，香火鼎盛。元帝廟前的左營下路是一條歷史步道，有全台密度最高的傳統三合院古宅聚落，曲折蜿蜒的巷弄裡依然保留許多漂亮的閩南紅磚古厝，依稀散發著左營過往曾經的風華。

蓮池潭附近幾乎是三步一小廟，五步一大廟，四周總計超過二十間廟宇，有這麼多神明守護，稱蓮池潭是超級能量場所一點也不為過。

1
―
2
―
3

1. 玄天上帝像
2. 元帝廟
3. 郭家百年古厝

地圖

網站

🏠 高雄市左營區蓮潭路、元帝路路口

🚇 捷運 R16 左營站 2 號出入口出站轉搭紅 51 公車，在蓮池潭（勝利路）站牌下車徒步約 10 分鐘

🕐 5:00 ～ 21:00

🌐 www.facebook.com/ZuoYingYuanDiMiaofengGuGong/

1. 啟明堂的石獅子
2. 高雄文學步道葉石濤的石碑

新舊孔廟

繼續沿著環潭步道往北行走，在上午時分蓮潭路上總會擺滿各式攤位，販售蔬菜水果，價格實惠，吸引人停下腳步採買。

台灣文學家名家葉石濤先生晚年就住在左營舊城附近，他在《舊城一老人》隨筆中寫到每天總是天色未明就出門，在拱辰門彩色門神浮雕對面的早餐店買份吐司夾蛋，然後前往蓮池潭散步，行經啟明堂前刻意不去看那有數不清的烏龜在爬動的池塘，而是照例摸一下石獅子的頭代替向神明膜拜，「通往孔子廟的右側都被一輛輛小貨車佔住了，柳橙八斤一百塊、珍珠芭樂一粒十塊、木瓜一斤十塊…孔子廟前面一清早就門庭若市，各種各類的攤販集在一起，一直延伸到哈囉市場。」最後在路口的包子攤買一顆剛出爐的溫熱菜包，作為清晨散步的終點再折返回家，舊城的日常，隨著文學大師的筆觸生動地躍然紙上。

京都銀閣寺前的琵琶湖疏水旁有一條「哲學之道」，這條葉老每天必經之路若稱為「文學之道」，應該是再貼切不過了，於是高雄市政府在靠近孔廟一側規劃了一條「高雄文學步道」，葉老的石碑就立在第一座，上面寫著：「台灣作家必須放開心胸，開拓更大更多的台灣時空，台灣文學才有磅礡的氣勢，擠進世界文學的大門。」是大師對文學與作家的無限期許。

1
2
3

1. 左營孔廟大成殿
2. 中國宮殿式建築吸引角色扮演玩家拍照
3. 左營孔廟櫺星門

左營孔廟

來到孔營路口可以看到右側高聳的泮宮牌坊，從這裡入內就是左營孔廟。參考山東曲阜孔廟及北京故宮太和殿，打造出全台灣規模最大的孔廟，以大成殿為核心，境內以傳統的四合院制構成四處空間，萬仞宮牆、泮池與拱橋、禮門義路、櫺星門、大成門，體制完備。東西廡整齊排列的朱紅圓柱、北方宮殿式建築猶如渾然天成的古裝劇場景，的確如此，1980 年代曾紅透半邊天的連續劇《一代女皇》外景就是在此完成，如今經常吸引角色扮演玩家來此拍照。

地圖

網站

左營孔廟

🏠 高雄市左營區蓮潭路 400 號

🚇 捷運 R16 左營站 2 號出入口出站轉搭紅 51 公車，在哈囉市場（孔廟）站牌下車

🕐 9:00 ～ 17:00

📅 週一

🌐 www.facebook.com/TheConfuciusTempleinZuoying/

一 舊城孔廟

偌大的左營孔廟在近代以鋼筋水泥建成，規模宏大有餘，和府城「全台首學」孔廟相比，似乎總少了些古樸的味道。歷史悠久的左營其實也有一座落成 300 多年的孔廟，隱身在校園內，探訪龍虎塔後順著蓮池潭畔朝春秋閣的方向走過來，就在三叉路旁的舊城國小內，俗稱「舊城孔廟」。

會知道這處舊城孔廟不是從旅遊書或網站得知，而是閱讀作家陳芳明的散文作品，左營出生的他寫到：「常常在夢中、在記憶裡總是有一條蜿蜒的道路，通往我的小學校園。校園裡有一座孔廟，充滿了歷史記憶。在殖民地時期日本統治者也是提倡儒家思想，那座格局有限的廟宇，帶著濃厚的文化象徵。幼稚園時期便是在孔廟屋簷下唱歌起舞，為我保留最美的童年原型。」優美的文字，充滿對兒時成長原鄉無限思慕之情，吸引人想要親訪探究。

1	3
2	

1. 崇聖祠保存康熙年間初建時的建築風格 2. 崇聖祠屋簷裝飾 3. 下馬碑

　　舊城孔廟在康熙年間（1684 年）由鳳山首任知縣楊芳聲設置，是大清帝國在台灣所建九座孔廟中的第一座，之後幾經整修及動亂的破壞，在光緒年間由知縣孫繼祖重修恢復舊觀，文廟該有的建置如大成殿、崇聖祠，東西廡、大成門、櫺星門、明倫堂、名宦祠、鄉賢祠等均齊聚完備。

　　日治時期在這裡成立「舊城公學校」（即舊城國小前身），大成殿等建築因年久失修毀壞遭到拆除，最後僅主祀孔子父親叔梁紇的「崇聖祠」留存下來，祠前的龍雕御路保存完整，周圍有幾塊清朝的石碑從各處集中於此，包括「奉旨文武官員軍民人等至此下馬」碑，頗有小碑林的氣勢。對照龍虎塔的遊客如織，這裡少有人潮，寧靜校園裡大樹成蔭，可以細細欣賞依然保存康熙年間初建時的建築。

　　由於校園就和三百多年歷史的孔廟融合在一起，每年祭孔大典的八佾舞也都由舊城國小的學生來擔任，已經成為這所學校的傳統。

1 | 2　　1. 舊城孔廟崇聖祠　2. 舊城孔廟小碑林

舊城孔廟

🏠 高雄市左營區蓮潭路 47 號（舊城國小校內）

🚇 捷運 R16 左營站 2 號出入口出站轉搭紅 51 公車，在蓮池潭（勝利路）站牌下車徒步約 5 分鐘

🕐 8:00 ～ 17:00 （依舊城國小規定）

地圖

哈囉市場

　　近來因為一句「是在哈囉」的流行語，讓「哈囉市場」再次引起不少關注。這處於 1957 年成立的「左營第四公有零售市場」，在美軍協防台灣期間，駐紮在左營的美國阿兵哥經常到這裡採買，攤販和美軍以「Hello」互相打招呼，演變成為如今讓人一聽難忘的市場名，英文名稱就真的翻譯成「Hello Market」。

　　標準的傳統市場內攤位數量很多，由於物美價廉，每天都門庭若市，攤位還蔓延到外面的明潭路兩旁及蓮潭路上，並在孔廟對面的「仙樹三山宮」廟埕成立臨時攤販市場，每天早上這一帶總是人聲鼎沸，採買的民眾和機車騎士萬頭攢動，熱鬧不凡，市場內大量的新鮮食材和此起彼落的叫賣聲，展現出南台灣早晨生猛有活力的一面。

地圖

🏠 高雄市左營區蓮潭路及明潭路口
🚇 捷運 R16 左營站 2 號出入口出站轉搭紅 51 公車，
　　在哈囉市場（孔廟）站牌下車
🕐 4:00 ～ 12:00

左營舊城

　　除了眾多的宗教景點，左營舊城還留存著全台最完整的石城，與下埤頭（即現在的鳳山）的新城曾一度鬧雙胞，爭執不休，形成特殊的「雙城記」，也是台灣在清領時期唯一有兩座縣城的地方。

　　龜山矗立在蓮池潭旁，山腳下沿著勝利路留有一段古城牆，城門也完整保留著，這一帶正是左營發跡之處，在清朝統治期間是鳳山縣城所在地，又稱「鳳山縣舊城」或「左營舊城」，當時鳳山縣治理的範圍很大，包含高屏地區，與大家現在所認知的鳳山，在地理位置上有一段距離。

　　左營舊稱「興隆庄」，是明鄭時期實施軍屯制的要地，然而在清朝統治初期雖貴為鳳山縣治所在地，卻不發達，官員甚至都在府城辦公，且受到限築城禁令的影響，並未築城，主要是朝廷擔心民變佔領城池，因此僅種植莿竹圍繞。消極的治理心態在 1721 年「鴨母王」朱一貴事件後開始有了轉變，這起大規模民變平定後，鳳山知縣劉洸泗終於突破禁令，開始修築台灣第一座土城，包含縣署、武廟都在城內，也發展出多條市街，是左營在大清治理期間最繁華的一段時光。

這個台灣第一座土城左倚龜山、右包蛇山，具地理上的優勢，並有一定的防禦能力，應付小動亂綽綽有餘，然而遭遇乾隆年間大魔王等級的林爽文事件（1786年）就顯得捉襟見肘，薄弱的防禦完全無法抵擋南路盟軍莊大田的攻勢，土城慘遭攻陷毀壞，官員棄守逃離、居民隨之四散，縣治也遷移到下埤頭，並築起莿竹城，鳳山新城就此誕生。

清領下的台灣可說是「三年一小反、五年一大反」，官員貪腐導致民變四起，連帶使得鳳山新城也不平靜，兩度在亂事中被攻陷，這時官府內部也起了兩派意見，一派想留在商業發達且生活機能好的下埤頭街，另一方建議回到興隆庄，因為有龜蛇兩山屏障，離海岸又近，如遭逢動亂福建駐軍要前來支援也會比較方便，爭論多時的新舊城爭議，最後在嘉慶皇帝拍板下決定將縣治遷回興隆庄，並另築更堅固的城池。不過修築石城所費不貲，延宕了10幾年還是止於紙上談兵，直到面臨許尚、楊良斌為首的武裝事件，才終於逼使政府正視需求，在道光5年（1825年）啟動史上最強防禦工事，開始修築石城，歷時年餘完工，城牆總長2,767公尺，範圍較土城小，城牆僅包圍龜山而未涵蓋蛇山。然而嶄新堅固的城池卻始終沒等到官員和軍隊遷回，大家都想繼續留在已經住習慣的下埤頭街，最後形勢比人強，只能認可下埤頭繼續作為縣治所在地，「圍龜放蛇」導致不利風水的說法也成了當時熱議的鄉野傳說。

1. 土城範圍較石城大了許多
2. 左營舊城復原模型
3. 蓮池潭畔的龜山為舊城的重要屏障

一 現存城門

　歷經日治及戰後的都市發展，左營依然留存相當完整
的城牆與城門，包括東門、南門、北門及部分城牆遺構，
是全台保存面積最廣的古城，已被列為國定一級古蹟。
當中北門最為特別，門外寫著「拱辰門」，北辰是北極
星在古代時的名稱，因此有「為政以德，譬如北辰居其所，
而眾星拱之」的深刻意涵，大門兩側有一對門神，放遠全台眾
多古城門找不到第二處，非常罕見。這一對泥塑浮雕門神，左為尉
遲恭、右為秦叔寶，手持金鞭與金鐧，神情生動，表面的彩繪雖已斑剝退色，
依然威嚴堂堂。至於為什麼要以門神裝飾，根據推測，當時北門是縣城的正門，
從台南府城來視察的官員均由此入城，因此以門神坐鎮，讓縣城入口更加莊嚴。

1｜2
3｜4

1. 道光 5 年完成的石城 2. 北門（拱辰門）
3. 北門泥塑門神 4. 南門（啟文門）

東門面對鳳山丘陵，因此命名為「鳳儀門」，祈盼「有鳳來儀」。與北門一樣都仍保留城牆，由珊瑚礁咾咕石以三合土砌成，上方為馬道，紅磚女牆上有射孔，城牆外還有保留完整的護城河，也是台灣唯一能看到護城河水映照城牆與城門的一處清代古城。南門又稱「啟文門」，由於城樓兩邊城牆在大正年間時遭拆除，單獨矗立在圓環中央，城門上依然保留著三川式的城樓，最為壯觀。

東門 (鳳儀門)

鳳邑舊城城隍廟

北門正對著埤子頭路，順著走約 200 多公尺是「鳳邑舊城城隍廟」，建廟歷史可追溯至康熙年間，是官方祀典的廟宇，奉祀城隍尊神顯祐伯，經過數次重建，最近一次整修在 2020 年初完成，廟宇外觀剪粘猶如藝術品，正殿氣氛莊嚴，上方懸掛一個大算盤，寫著「自問心」三個大字，有要參拜者捫心自問之意，舊城城隍出巡是地方一大民俗盛事。

1 | 2　1. 鳳邑舊城城隍廟 2. 鳳邑舊城城隍廟的大算盤

地圖　　　網站

🏠 高雄市左營區店仔頂路 1 號
🚇 捷運 R16 左營站 2 號出入口出站轉搭紅 51 公車，在蓮池潭（勝利路）站牌下車徒步約 6 分鐘
🕐 6:00 ～ 21:30
🌐 www.zuoyingcitygodtemple.org/

━ 見城館

　為讓民眾更加了解左營舊城的歷史，高雄市政府利用原高雄市眷村文化館改設「見城館」，場館的面積不大，充分利用影片、動態模型與光雕投影，以及 VR、AR，帶領參觀者穿越時空回到清朝鳳山舊城的世界，還能看到已經拆除的西門復原模型及遺留下來的城門石牌。高雄市政府文化局提出「見城」計畫，持續推動舊城區域史蹟發掘與歷史現場重建，日後將朝重建舊城歷史現場的目標邁進，是高雄史上最大的文化計畫，完成之後也將成為見證台灣歷史的最佳場域。

```
1  | 2
   | 3
```
1. 見城館
2. 西門復原模型
3. 見城館以 AR 技術復原已經拆除的西門

地圖　　　　網站

🏠 高雄市左營區龜山巷 157-2 號

🚇 捷運 R16 左營站 2 號出入口出站轉搭紅 51 公車，在蓮池潭（勝利路）站牌下車徒步約 5 分鐘

🕐 週二～五 11:00 ～ 17:00，週末及國定假日 10:00 ～ 18:00

📅 週一、除夕

💲 49 元，65 歲以上 29 元，120 公分以下兒童免費

🌐 oldcity.khcc.gov.tw/

再見捌捌陸 - 臺灣眷村文化園區

左營是台灣最重要的海軍基地,有左營軍港、海軍官校等軍事重地,早年總是戒備森嚴,許多路口都有阿兵哥駐守是當地人共有的印象。筆直的軍校路以西有合群、建業、自治、慈暉、明德等多個眷村,形成左營特殊的眷村文化,當中最特別的應該就是有「將軍村」稱號的「明德新村」,早期曾有多位海軍將領在此居住,包括 4 名參謀總長、7 任海軍總司令,全村 2 萬坪的土地僅有 52 戶,每一戶都是獨門獨院,是全台灣最高級的海軍眷舍。

近來眷村陸續推動眷改,為了保存逐漸消失的眷村文化,高雄市政府選定明德新村,以「再見捌捌陸」為名,成立台灣眷村文化園區。捌捌陸這個諧音如同「掰掰囉」的特別名字,源自國防部統計全國列管眷村共有 886 處(另有一說為 975 處),並以「再見」為題,除了要向流逝的眷村歲月致意,也對眷村能重獲新生感到喜悅。

1 | 2　　1. 再見捌捌陸 - 臺灣眷村文化園區
　　　　2. 重現當時眷村的風情

1
2
3

1. 將軍好宅
2. 眷村聚樂部
3. 眷村裡居家的日常

歷史悠久的明德新村建於日治時期，眷村內有著工整的棋盤式道路，海富路的兩旁是高大的雨豆樹，樹齡超過百年，形成漂亮的綠色隧道，文化園區就位在這裡，嶄新的大門採用眷村住家鐵門常見的紅色，一旁圍牆漆著斗大的「再見捌捌陸」字樣，內部環境整理得非常好，平整的草皮與修繕後的日式平房，重現過往的光彩。4 棟建物分別以不同主題呈現，包括「眷村時代館」、「眷村聚樂部」、「眷村・潮」及「眷村共生基地」，沒有特定順序，可依照個人喜好隨意參觀。

當中空間最大的是眷村時代館，由明德 2 號、3 號兩戶組成，展示國共內戰後軍眷帶著家當，搭乘中字鑑來到台灣住進眷村的過往歷史，並還原眷村裡居家的日常，如客廳、飯廳與廚房，許多民國 40 ～ 60 年代的日用品，像是留聲機、黑白電視、古老的茶几、足以光宗耀祖的錦旗獎狀都詳實呈現，讓人依稀感受到舊時代生活簡樸的一面；隔壁的眷村聚樂部 (原明德 4 號) 則呈現眷村內的娛樂與文化，像是中山堂電影院、充滿美式風格的俱樂部，以及在眷村創辦《創世紀詩刊》的瘂弦、洛夫、張默的作品，展現眷村文藝休閒的一面。對於沒有任何眷村生活經驗的人來說，竹籬笆內的一景一物均猶如異世界般的新奇，每樣東西都讓人看得興致盎然。

至於一牆之隔的房舍則由高雄市歷史博物館企劃「將軍好宅」的主題，展示眷村一家成員的日常用品、娛樂、餐桌等，結合時下流行的開箱方式，讓早期眷村的生活一目了然呈現，也是認識眷村文化最好的方式。

地圖　　　網站

🏠 高雄市左營區明德新村 2、3、4、10、11 號

🚆 捷運 R16 左營站 2 號出入口出站轉搭紅 53 公車，在明建里站牌下車徒步約 3 分鐘

🕐 週二～五 11:00 ～ 17:00，週末及國定假日 10:00 ～ 18:00

📅 週一（逢國定假日或補假日照常開放）

💲 35 元，高雄市民及 65 歲以上 25 元，120 公分以下之兒童免費

🌐 mingdevillage.khm.org.tw/

R17 世運站

World Games (National Sports Complex) Station

　　捷運離開左營站後，司機似乎總將電聯車的馬力推到極致，因為接下來捷運將從地底一路攀升到地平線、再穿過半屏山後駛上高架路段，三度空間轉換緊湊地在相鄰兩站之間完成，當列車從山洞疾駛而出，黑暗自此轉為光明，白天窗外的陽光耀眼，高雄的街景不再只能憑藉站名想像，而是栩栩的呈現在眼前，這一幕就好像搭乘日本江之電離開住宅區路段，車窗外開始可以看見美麗的湘南海岸時那般動人。電聯車沿著半屏山的西側從車陣上方疾駛而過，隨即開進世運站，7根高聳的桅杆讓車站宛如一艘張帆的大船，車站主題是「海上雄獅」，呼應西邊的左營軍港，走到站外回頭一看，出入口活脫像是獅子的兩隻前腳。

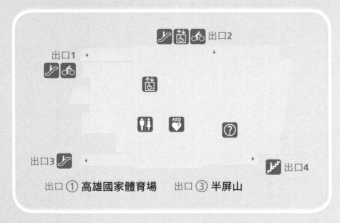

出口2

出口1

出口3　　　　　　　　　　　出口4

出口① 高雄國家體育場　　　出口③ 半屏山

高雄國家體育場

R17世運站

半屏山

高雄國家體育場

　　對絕大多數不常搭乘高雄捷運的外地客來說，世運站可能是僅次於左營站以外第二熟悉的車站，在五月天擔任高雄代言人期間，幾乎每年都會在高雄舉辦演唱會，吸引從台灣各地、甚至全世界的五迷來參加，地點就位在車站外不遠的體育場。站外筆直寬敞的「世運大道」分隔島上，種植整排早期高雄市最常作為行道樹的椰子樹，沿著路直走就能看到台灣最佳田徑場「高雄國家體育場」，是五月天演唱會的聖地，也是 2009 年舉辦世界運動會開、閉幕儀式的場地，因此又被稱為「世運主場館」。

　　這座體育場由日本建築師伊東豊雄設計，曾在 2013 年獲得普立茲克建築獎的桂冠，在日本素有「城市魔法師」的美譽。伊東豊雄以日本傳統文化自然系的概念，透過建築來詮釋，清水混凝土做成馬鞍造型結構，上方採連續螺旋鋼管環繞，充滿著造型美及律動感，成為外觀的一大特色；屋頂強調水平式的延伸，以大約 8,800 片太陽能光電板覆蓋，兼具遮蔽及發電功能，是綠建築的極致展現，種種特殊設計讓人一見就留下難忘的印象，是一棟評價極高的體育場。

1 | 3
2 |

1.2.3. 高雄國家體育場

1
——
　2
——
　　3

1. 以清水混凝土做成馬鞍造型結構
2. 連續螺旋鋼管
3. 生態緩衝保護區

有別於傳統環繞型的封閉式場館，體育場採開口型式並呈西北-東南傾斜 15 度方位，增進外部氣流導入，可有效降低看台觀眾席的悶熱感，且開放式的設計可以和一旁的公園互動，創造出舒適的城市生活場域，也是自然系建築的具體展現。

場內為四百公尺的田徑場兼足球場，是台灣第一座符合國際標準的體育場館，可容納 4 萬人，若加上臨時看台空間，最多可容納約 5 萬 5 千人，啟用至今舉辦過許多重要國際賽事，場地依然維護得非常好，有專家認為這個體育場日後絕對有成為世界文化遺產的潛力。

場館北側及東側規劃為生態緩衝保護區，保留並移植當年海軍營區時代原有的大樹，濃郁的樹蔭環繞生態池，涼爽的微風撫過林間，10 多年下來已經逐漸形成豐富的生態體系。

地圖　　網站

🏠 高雄市左營區世運大道 100 號
🚄 捷運 R17 世運站 1 號出入口徒步約 8 分鐘
🕐 戶外全天候開放
🌐 www.facebook.com/KaohsiungNationalStadium/

半屏山

在高雄捷運的興建階段，這一站曾以「半屏山站」作為暫時的命名。半屏山是壽山國家自然公園四大山系最北的一座，單斜面的山型相當特殊，自古以來就流傳著許多傳說，其中傳頌最多的是「仙人賣湯圓」的故事。據說古時候有個神仙下凡，化作老人在半屏山賣湯圓，他一顆湯圓賣一文錢，付兩文錢就可以吃到飽，這麼好康的消息，大家紛紛口耳相傳，付兩文錢後拼命吃到飽，不過也有正直的人，有一個年輕人堅持一文錢買一個湯圓，絲毫不貪心，老人原來是呂洞賓的化身，他想在人間找個良善的人作為弟子，這個誠實的年輕人後來就跟著神仙升天去修行，這時大家才驚然發現其實湯圓是用半屏山的沙土做成，這時半屏山也已經被貪婪的人們吃掉一大塊。

1 | 2 3

1. 半屏山登山口
2. 半屏山登山步道
3. 半屏山與蓮池潭

　　這個故事很巧合跟現實世界的半屏山一樣，由於此處為珊瑚礁石灰岩地質，清領時期在山腳下就有鑿石場與煉灰場，日治時代來自日本富山縣的「水泥王」淺野總一郎在此設立水泥廠，戰後三家水泥公司持續開採，直到 1997 年才停止採礦，原本《鳳山縣志》所記載「平地突起，形如列幛、如畫屏」的優美山勢也從此不再復見，生態遭到嚴重破壞。終止採礦後政府開始進行綠化，半屏山總算能復育山林，2011 年成為壽山國家自然公園的一部分。

　　從捷運世運站出站後沿著翠華路往回走，大約 900 公尺的距離就可以看到萬姓公媽祠登山口，可從這裡開始登山健行，沿途大致都很好走，順著棧道與指標就能抵達標高 170 公尺的中央瞭望台，可以清楚眺望高雄國家體育場、左營軍港及台灣海峽，健行途中會經過一處高聳的千年石壁，平整的石灰岩切面，相當壯觀。登山步道的路線長度約 2,600 公尺，難度並不高，路線也稱不上複雜，不過每年總會發生數起登山客迷路的事件，幾乎已快成為高雄的「都市傳說」，建議登山時不要隨意走岔路小徑，也最好在天色昏暗前下山，避免迷路。

$\frac{1}{2}$

1. 中央瞭望台的景觀
2. 千年石壁

🚇 捷運 R17 世運站 3 號
出入口徒步約 11 分鐘
可抵達登山口

地圖

R21 都會公園站
Metropolitan Park Station

　　電聯車離開世運站後以一直線的方式往北行駛，不到 1 分鐘的時間就抵達 R18 油廠國小站，兩站相隔僅約 800 公尺，是站間距離最短的兩站，在月台上回頭還能清楚看到世運站宏大氣派的站體，是鐵道迷拍攝捷運電車的理想地點，車站外兩側都是與台灣中油有關的設施，包含學校及員工宿舍。捷運往北繼續行進，一個大轉彎後抵達 R19 楠梓加工區站，正對著成立已超過一甲子的楠梓加工出口區大門，全區為免稅區，有超過 80 家廠商進駐、4 萬多的從業人員在區內工作，乘客大多集中在上下班的通勤時段。接著經過 R20 後勁站後，高架橋梁以大角度左轉橫跨後勁溪，隨即抵達 R21 都會公園站，附近人口較為密集，車站以位於西北邊約 500 公尺外的「都會公園」來命名。

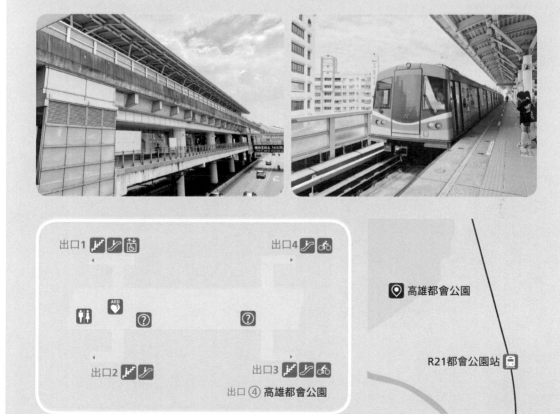

出口1　出口4

高雄都會公園

R21都會公園站

出口2　出口3

出口④ 高雄都會公園

高雄都會公園

　　都會公園廣達 95 公頃，比內惟埤文化園區與衛武營都會公園的加總還大，公園包含原本的台糖青埔農場，以及經過覆土綠化的西青埔垃圾掩埋場（二期園區），若不是還留有沼氣發電廠和沼氣燃燒塔，已經很難察覺這裡原本是惡名昭彰的垃圾場。

　　公園內有一座特別的公共藝術，取名「金雞日晷」，已經成為園區的地標，後方是平坦的大草原，可沿著步道散步健行；以青埔溝相隔的二期園區堆置成海拔高約 43 公尺的小丘，呈現高底起伏的地形，由於面積遼闊，適合騎乘單車環繞。

```
       1
   2 | 3
     | 4
```

1. 入口廣場地標金雞日晷 2. 林間環道綠色隧道 3. 已停用的沼氣燃燒塔 4. 二期園區有起伏的地形

地圖　　網站

🏠 高雄市楠梓區德民路 24 號

🚇 捷運 R21 都會公園站 4 號出入口徒步約 8 分鐘

🕐 全天候開放

🌐 khmp.cpami.gov.tw/

R22 青埔站
Cingpu Station

電聯車沿著省道台 1 線繼續在高架橋上往北行駛，經過中油高雄營業處後隨即進入橋頭區，捷運路線兩旁有許多空地，穿插幾棟新穎的大樓，這裡是「橋頭新市鎮」，計畫人口達 26 萬人，因此在人口尚不到 4 萬人的橋頭區設置 3 座捷運車站，包括青埔站、橋頭糖廠站及橋頭火車站。捷運青埔站緊鄰省道旁，是高雄捷運全系統唯一只設置一個出入口的車站。

    出口1

出口 ① 台糖高雄花卉農園中心

台糖高雄花卉農園中心

出站後往左沿著經武路右轉楠梓路，就能抵達台糖經營的「花卉農園中心」。園內樹林繁茂，並有寬闊的綠地，一旁有上百組烤肉控窯區，搭配漆彈場、小型賽車場、台糖冰品店，很適合舉辦團體活動，最特別的是這裡還保留以前載甘蔗的產業鐵路五分車，只在假日營業，1977 年出廠的「德馬牌」（DIEMA）柴油機車頭努力的拉動車廂，以時速約 5 ～ 10 公里的速度緩緩往糖廠的方向前進。

$\frac{1}{2}$ 1. 台糖花卉農園中心
2. 糖廠五分車

地圖　網站

🏠 高雄市橋頭區創新路 93 號
🚈 捷運 R22 青埔站 1 號出入口徒步約 5 分鐘
🕐 8:00 ～ 17:00
🌐 tsc35.taisugar.com.tw/

R22 A 橋頭糖廠站

Ciaotou Sugar Refinery Station

　　緊鄰「橋頭糖廠」的捷運橋頭糖廠站，設計得和其他高架車站有些不同，月台的圓柱以茶色呈現，像是甘蔗煉製成糖的顏色，站體也貼上緋色的磁磚，顯得典雅。近年車站被打造成貓村花園，藝術家周怡礽手繪的「喵星石」模樣逼真，讓人手機拍個不停，有著美麗橘毛的貓站長「蜜柑」也在這裡值勤，可愛萌樣擄獲不少旅客的心。站內有自行車出租業者設點，可租腳踏車或全家租一輛四輪電動篷車，暢遊遼闊的糖廠，如果氣溫不是太高、對腳力也有些自信，更推薦以徒步的方式，慢慢晃遊來細細品味這全台灣第一座現代化製糖廠。

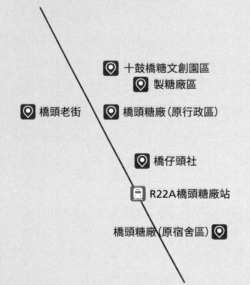

- 十鼓橋糖文創園區
- 製糖廠區
- 橋頭老街
- 橋頭糖廠（原行政區）
- 橋仔頭社
- R22A橋頭糖廠站
- 橋頭糖廠（原宿舍區）

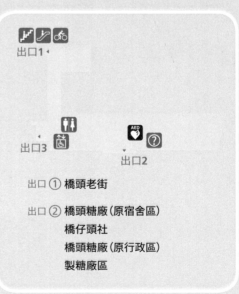

出口1

出口3　　　　出口2

出口 ① 橋頭老街

出口 ② 橋頭糖廠（原宿舍區）
　　　　橋仔頭社
　　　　橋頭糖廠（原行政區）
　　　　製糖廠區

橋頭糖廠（原宿舍區）

出站後有個平坦的小廣場，右前方的平房是「太成橋頭肉包」，是橋頭頗富盛名的老店，剛出爐的美食香氣四溢，吸引遊客停下腳步購買，立刻就在一旁座位大快朵頤。店家前方有一整排低矮的平屋，早期是糖廠的單身宿舍，草皮廣場上有一棵高大且樹型優美的雨豆樹，與老房子構成美麗的畫面，讓人想多拍幾張照片，這處戶外廣場之外在日治時代是祭慶典時相撲的比賽場所，當時後方還有運動場、射箭場、網球場，甚至連跑馬場都有，休閒設施完善，現在則大多成了空地，僅有一處高爾夫練習場，景觀有很大的變化。

興糖路是糖廠內的主要道路，大致以捷運站出來左手邊的土地公廟及中山堂為分界點，這裡原有一座神社，作為行政區和宿舍區的分界。從雨豆樹廣場斜坡上來往左就是宿舍區，盡頭是「興糖國小」，途中會先經過「白屋藝術村」，底矮的紅磚圍牆環繞著一處清幽的環境，散發與周邊不太相似的氣息，早期是糖廠的招待所，難怪中庭會有法式噴水池與庭園造景，兩座紅磚水塔造型特殊，當時專供招待所使用。捷運通車後這處招待所由民間進駐，投入許多心力修復成一處充滿空間美學的場域，除了是藝術展覽空間，特別的是可以在此舉辦戶外婚禮，是相當受歡迎的服務項目。白屋旁一整片原本是糖廠內最大的宿舍區，由多個區塊的六戶連棟日式平房組成，如今房屋幾乎已拆除殆盡，僅留下棋盤式的道路可供追憶。

1	
2	3

1. 貓站長蜜柑
2. 中山堂前身是橋仔頭社
3. 白屋藝術村

119

橋仔頭社

　　回頭往捷運站的方向走，土地公廟旁的中山堂原本正是日治時期神社「橋仔頭社」的所在位置，昭和 6 年（1931 年）花費四千日圓興建，供奉天照大神、豐受大神、能久親王，從遺留下來的石燈籠、刻有奉納的手水缽及一對狛犬，依然可以感受神社曾經存在的氣息；中山堂斜對面的「台糖冰品展售中心」是遊客最多的地方，台糖自家冰棒價格依然實惠，不少 4、5 年級生總喜歡買只有在台糖才能吃到的酵母冰，回味童年時光。

1	
2	3

1. 雨豆樹廣場
2. 橋仔頭社狛犬
3. 橋仔頭社遺址

橋頭糖廠（原行政區）

　　台灣早在明鄭及清領時期即有製糖業，在明治年間還是日本主要的砂糖進口來源地。日本統治之後，總督府發現台灣的製糖仍停留在傳統的舊式糖廍，以牛驅動石車硤蔗，甘蔗汁經石灰去除雜質，再經繁複的程序才能使糖結晶，過程耗費大量人力且產量難以提升，於是在明治 33 年（1901 年）選定橋仔頭，由皇室及三井財閥出資成立「台灣製糖株式會社」，興建全台灣第一座現代化新式甘蔗分蜜的「橋仔頭製糖所」，隔年完工後正式生產，此時縱貫鐵路的南部段已經完成，糖製品可利用鐵道運送至終點站，然後再從打狗港出港。

1 ｜
―――
2 ｜ 3

1. 社宅事務所
2. 廠長宿舍
3. 副廠長宿舍

　　從中山堂往北走就是行政區及製糖工廠。兩棟各有獨立庭院的木造建築隔著小徑相對而立，是在 1940 年由當時的廠長金木善三郎所建之官職宿舍，經整修後復原當時的建築形式，是典型的日本住宅；再順著椰樹並木直走，一棟西洋風的混凝土建築是「社宅事務所」，在 1903 年糖廠建廠初期就已經完成，仿荷蘭在東南亞殖民地的建築，正面連續拱門及迴廊移植自歐洲傳統建築，是糖廠內最具歷史價值的建物。

　　社宅事務所右前方立著一尊聖觀音像，是第一任社長鈴木藤三郎令自家的「鈴木鐵工所」鑄造，為了祈求平安與製糖順利，特地捐獻出來。當時這座現代化製糖廠所有重要的設備都必須從國外進口，建廠時還曾遭遇南部抗日領袖林少貓（林義成）搶工廠的事件，投產初期也不甚順利，這尊黑色聖觀音仿奈良藥師寺東院堂的觀音像，面向著工廠，如同守護神，帶給從業員工許多安定感，是糖廠最重要的精神象徵。附近一棟型式與社宅事務所有點類似的俱樂部，兩者建築年代相近，目前內部作為「豬仔文物館」，陳列前台大教授陳師孟捐贈豬仔文物模型，總數約 2 千件，小豬的模樣多彩逗趣，是一處別具特色的文物館。

1	2
3	4

1. 豬仔文物館收藏品 2. 糖廠冰品
3. 黑色聖觀音 4. 豬仔文物館

製糖廠區

　　橋仔頭製糖所開始生產後，拜日俄戰爭結束日本經濟景氣持續暢旺之賜，於 1907 年擴建設立第二工場、糖蜜酒精工廠與全台首創甘蔗專用五分車鐵道，工廠趨於完備，產量也大幅提升，連同其他各地區的製糖工廠，成為台灣現代產業工業化的火車頭，共同開啟糖業的興盛期，也造就二十世紀初台灣的經濟風貌。戰後這處製糖所改為台糖高雄廠，繼續生產各式糖製品，直到 1970 年代國際糖價低迷，發展開始呈現停滯現象，到了 1999 年正式停產，結束近一世紀的生產。

1	2
3	

1. 超過百年樹齡的老樟樹及茄苳樹
2. 五分車修理室
3. 糖廠樹林茂密，如同高雄的後花園

台糖公司保留工廠及行政區，成立糖業博物館，並將廠房內的製糖機具完整地保留下來做靜態展示，可以看到甘蔗從壓榨、清淨、蒸發、結晶、分蜜到包裝的完整流程。工廠外五分車修理室裡停著幾輛機關車頭，錯綜的糖業鐵軌依然保留著，軌道上停放多輛當時運糖的車廂和車頭，如同小型的五分車鐵道園區。一旁幾棵超過百年樹齡的老樟樹及茄苳樹，沐浴在南國陽光下長得高大結實，延伸出優美的樹冠宛如撐起一把大傘，樹下微風沐沐，是我認為糖廠最棒的角落。

台灣眾多日治時期糖廠遺留下來的文化資產約略可分成三部分，包括製糖工廠的工業遺址、員工宿舍的生活文化區域，以及糖廠外圍廣大的鐵道系統及車站，橋頭糖廠是台灣少數三者都有保存的一處糖廠，有著豐富的故事和歷史建築，內部樹林茂密，就像高雄的後花園，是高雄捷運紅線沿線最不容錯過的景點。

$\frac{1}{\frac{2}{3}}$ 1.2. 製糖工場

3. 傳統製糖石車

地圖

網站

🏠 高雄市橋頭區橋南里糖廠路 24 號

🚇 捷運 R22A 橋頭糖廠站 2 號出入口出站即達

🕐 9:00 ～ 16:30（糖業博物館室內空間）

🌐 reurl.cc/WLLMkk

橋頭老街

橋頭糖廠大門正對平交道，台鐵各級列車從門口呼嘯而過十分有趣，也是拍火車的好地點。往前走約 50 公尺右轉就是橋頭老街，有多家傳統小吃，一到下午時分，舊戲園前兩旁街道變成傳統黃昏市場，是體驗在地生活最好的地方。另一間太成肉包上午在菜市場內營業，下午也會在此設攤，口味及價格均與糖廠內的不同。橋頭菜市場旁臨省道的助師傅烘焙坊是當地知名的麵包店，傳統口味的綠豆椪很有名，以純素或蛋奶素製作，讓素食者也能品嘗到美味的糕點。

1. 橋頭老街
2. 舊戲園

食info

助師傅烘焙坊
無奶素食麵包專賣店

🏠 高雄市橋頭區成功南路 18-1 號 🚆 捷運 R22A 橋頭糖廠站 2 號出入口徒步約 7 分鐘 🕐 9:30 ～ 21:00（週日至 19:00）👍 綠豆椪、蛋黃酥

地圖

網站

阿婆羹
配料豐富的老街美食

🏠 高雄市橋頭區橋南路 76 號 🚆 捷運 R22A 橋頭糖廠站 2 號出入口徒步約 5 分鐘 🕐 9:00 ～ 18:00 👍 咖哩鮪魚羹、肉燥飯

地圖

R23 橋頭火車站
Ciaotou Station

　　捷運橋頭火車站與台鐵共構，不用出站就能轉乘台鐵。捷運站內手扶梯前方有一座醒目的公共藝術，由高雄美濃在地的藝術家朱邦雄博士創作，以超過 70 噸的陶土，經 1,280℃ 高溫燒製成高 12 公尺、寬 9 公尺的大型作品，主題為「天工開物」，發想自一旁的糖廠。作為台灣第一座現代化製糖工廠，橋頭糖廠開物之先，帶動各方面的發展，幾何圖形上下兩端呈現孕育蔗糖的土地，火車運送蔗糖橫越大地，象徵文明的城市，有撥雲見日、大啟文明之意，作品陳列在半開放式的空間，隨著陽光變化而有不同的姿態，非常精彩。

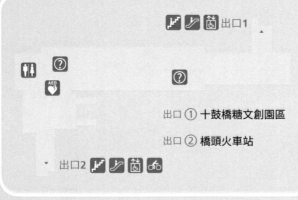

出口 ① 十鼓橋糖文創園區
出口 ② 橋頭火車站

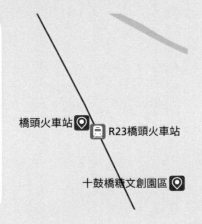

橋頭火車站　R23橋頭火車站

十鼓橋糖文創園區

十鼓橋糖文創園區

　橋頭糖廠的廠房位於北側，從捷運站一路走來已經接近橋頭火車站。廠房旁有一整排的倉庫群，由台灣最富盛名的鼓樂團體「十鼓擊樂團」承租，成立「十鼓橋糖文創園區」，以精彩文創與「水劇場」定目劇表演聞名。

　十鼓橋糖文創園區以時光長廊為主軸，改造台糖閒置的糖倉成為餐廳、商品館、咖啡店、親子館、鼓藝教室等，其中親子館是 2020 年啟用的新設施，12 公尺長的透明室內滑梯、藍白的球池就像海浪，大人小孩可以一起從 4 公尺的高台溜下，親子同樂，也可以在導覽人員的指導下學習擊鼓技巧，之後再到劇場觀賞水劇場。有別於台南仁糖文創園區將表演舞台建在製糖工廠五重壓榨機上，橋糖的劇目以水為元素，神奇的舞台，水可以瞬間漲起或消失，結合充滿律動感與節奏的精湛鼓藝，是台灣少見的高水準演出，每當表演結束總讓觀眾感到意猶未盡，安可聲也不絕於耳。

1	2
3	

1.2. 十鼓橋糖文創園區
3. 震撼人心的水劇場定目劇
　（圖片提供：十鼓文創）

1 | 2

1. 十鼓橋糖文創園區的五分車軌道 2. 每棟倉庫都有不同主題

　　以創意聞名的十鼓連洗手間都帶給遊客驚喜，老倉庫遭受祝融燒毀了屋頂，被獨具匠心的十鼓改造成為露天生態叢林的「聽雨軒」，有小魚及香水蓮相伴，美到讓人想拍照留念；戶外濃綠覆蓋，適合悠然散步，紅磚水道早期引進溪水，作為製糖過程中蒸發罐結晶罐的冷卻用水，如今水道上盤榕枝繁葉茂，一旁筆直的糖鐵軌道依舊，倉庫及老樹隔離了鬧市的喧囂，心情也不自覺被映入眼簾的景物所療癒，讓人想再多停留一些時間，不捨離開。

地圖

網站

🏠 高雄市橋頭區橋南里糖廠路 24 號
🚇 捷運 R23 橋頭火車站 1 號出入口徒步約 3 分鐘
🕘 9:30 ～ 17:00
🎫 國定假日
💲 350 元，學生票 330 元，高雄市民及 65 歲以上 300 元
🌐 tendrum.com.tw/TpHome/ct

橋頭車站

　　台鐵的橋頭車站擁有悠久的歷史，在日治時期縱貫線南部段通車時即已設站，除了運送旅客，因為橋仔頭糖廠的設立，也肩負運送糖廠相關物品的重任。現存舊站體是昭和年間改建後的車站，是當時典型折衷主義風格下的作品，與台南車站有些幾分相似，車站採用 RC 結構，整體依然保存的相當完整，原始風貌亦無太大改變，不過在捷運通車後舊站體即已停用，只能欣賞外觀，現為三等站，僅有區間車停靠。在 2001 年文建會舉辦的「歷史建築百景徵選活動」中，這座車站曾榮獲第 22 名的殊榮。

R24 南岡山站
Gangshan South Station

　　捷運沿著省道繼續往北，經過紫色的鋼橋跨過典寶溪後進入岡山區，列車也結束高架路段，轉為平面軌道終至進站。捷運南岡山站是高捷捷運在 2008 年通車後唯一延伸的路段，氣派的車站矗立在北機廠開發區中央。

　　南岡山站前左側有「高醫岡山醫院」，前方有達麗米樂開發的「岡山樂購站前廣場」正在大興土木中，前者是預計設置 350 床病床的大型綜合醫院，後者將打造結合影城、購物、美食、親子育樂的購物商場，兩者完工後將為岡山地區帶來不同的風貌。

🛍 伴手禮推薦

梁家棗園

　　累積了近 40 年的蜜棗種植經驗，以網室栽培，是每年冬季最讓人期待的水果，「雪梨蜜棗」及「珍蜜蜜棗」甜度極高、清脆多汁，保證一試成主顧。

地圖　　　　網站

🏠 高雄市阿蓮區中正路 858 號
🕐 詳官網
🌐 www.facebook.com/jujuba858

離捷運比較遠，但真的很好吃

高雄國際機場站 × 大魯閣草衙道　一日親子旅行

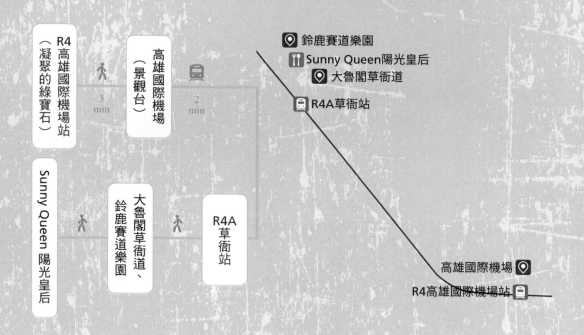

🚶 R4 高雄國際機場站（凝聚的綠寶石）

3 min

🚇 高雄國際機場（景觀台）

2 min

📍 鈴鹿賽道樂園
🍴 Sunny Queen陽光皇后
📍 大魯閣草衙道

🚇 R4A草衙站

Sunny Queen 陽光皇后

🚶 大魯閣草衙道、鈴鹿賽道樂園

🚶 R4A 草衙站

高雄國際機場 📍

🚇 R4高雄國際機場站

凱旋站 × 輕軌 × 夢時代購物中心　半日小旅行

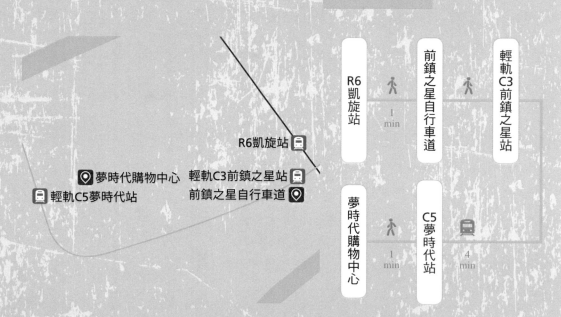

🚇 R6凱旋站

📍 夢時代購物中心　輕軌C3前鎮之星站 🚇
🚇 輕軌C5夢時代站　　前鎮之星自行車道 📍

R6 凱旋站

🚶 1 min

前鎮之星自行車道

🚶 輕軌C3前鎮之星站

夢時代購物中心

🚶 1 min

C5 夢時代站

🚇 4 min

獅甲站 × 三多商圈站 一日小旅行

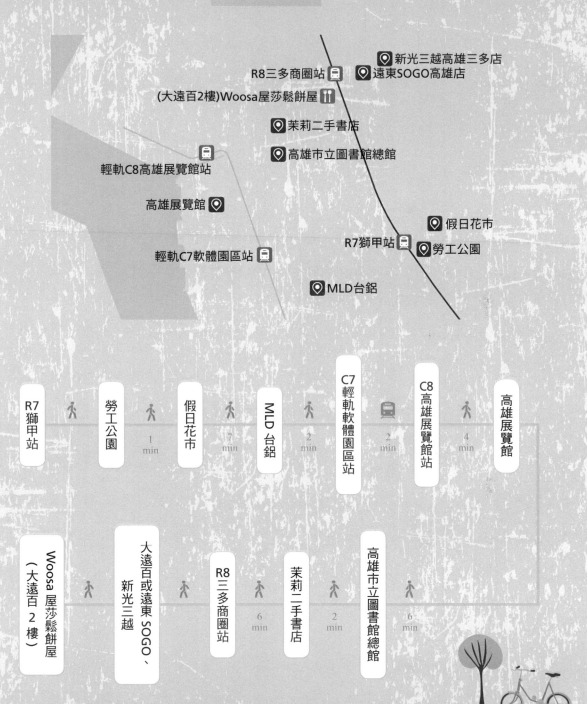

新光三越高雄三多店
R8三多商圈站　遠東SOGO高雄店
(大遠百2樓)Woosa屋莎鬆餅屋
茉莉二手書店
高雄市立圖書館總館
輕軌C8高雄展覽館站
高雄展覽館
假日花市
R7獅甲站　勞工公園
輕軌C7軟體園區站
MLD台鋁

R7獅甲站　🚶　勞工公園　🚶 1 min　假日花市　🚶 7 min　MLD台鋁　🚶 2 min　C7輕軌軟體園區站　🚃 2 min　C8高雄展覽館站　🚶 4 min　高雄展覽館

Woosa屋莎鬆餅屋（大遠百2樓）　🚶　大遠百或遠東SOGO、新光三越　🚶　R8三多商圈站　🚶 6 min　茉莉二手書店　🚶 2 min　高雄市立圖書館總館　🚶 6 min

中央公園站 × 美麗島站　藝術時尚購物一日小旅行

六合夜市
R10美麗島站光之穹頂
逍遙園
不二緻果
南華觀光商圈
描Cafe X 屋 Brunch
中央公園
R9中央公園站
城市光廊
新堀江
大立百貨、蔦屋書店

R9中央公園站 — 5 min — 中央公園、城市光廊 — 5 min — 大立百貨、蔦屋書店 — 8 min — 新堀江 — 5 min — 描 Cafe X 屋 Brunch

南華觀光商圈或六合夜市 — 3 min — 不二緻果 — 12 min — 逍遙園 — 7 min — R10美麗島站光之穹頂 — 2 min — R9中央公園站 — 3 min

凹子底 × 巨蛋站 悠閒購物一日遊

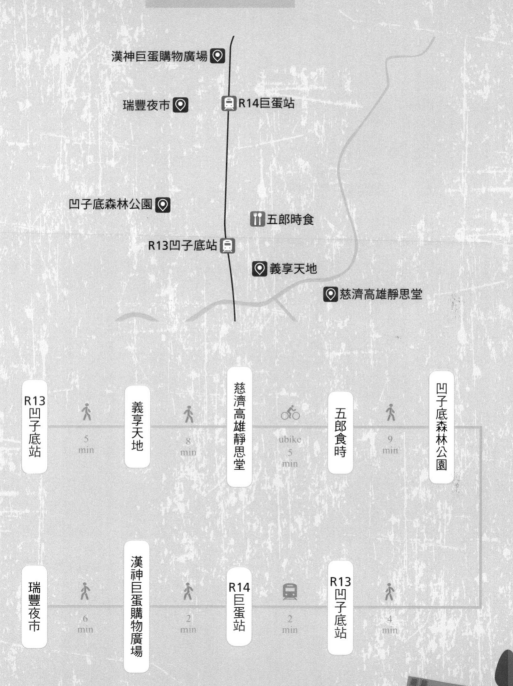

漢神巨蛋購物廣場 ⊙

瑞豐夜市 ⊙　　🚇 R14巨蛋站

凹子底森林公園 ⊙

　　🍴 五郎時食

R13凹子底站 🚇

　　⊙ 義享天地

　　　⊙ 慈濟高雄靜思堂

| R13凹子底站 | 🚶 5 min | 義享天地 | 🚶 8 min | 慈濟高雄靜思堂 | 🚲 ubike 5 min | 五郎食時 | 🚶 9 min | 凹子底森林公園 |

| 瑞豐夜市 | 🚶 6 min | 漢神巨蛋購物廣場 | 🚶 2 min | R14巨蛋站 | 🚇 2 min | R13凹子底站 | 🚶 4 min | |

高雄車站 × 後驛站　建築與科學工藝半日小旅行

愛河之心

🚉 R12後驛站

國立科學工藝博物館

🚉 R11高雄車站
台鐵高雄車站

📍 帝冠式高雄車站

🍴 捷絲旅DoubleVeggie

| R11 高雄車站 | 🚶 | 台鐵高雄車站、帝冠式高雄車站 | 🚌 60號公車 15 min | 國立科學工藝博物館 | 🚌 60號公車 11 min | R12 後驛站 | 🚶 5 min | 愛河之心 | 🚶 5 min | R12 後驛站 | 🚉 2 min | R11 高雄車站 | 🚶 5 min | 捷絲旅 DoubleVeggie |

世運站　世運主場館及登山半日遊

📍 高雄國家體育場

🚉 R17世運站

半屏山登山口 📍

| R17 世運站 | 🚲 ubike 2 min | 高雄國家體育場 | 🚲 ubike 2 min | 半屏山登山口 |

都會公園站　都會公園半日遊

生態園區站　自然生態半日遊

左營站 舊城一日遊

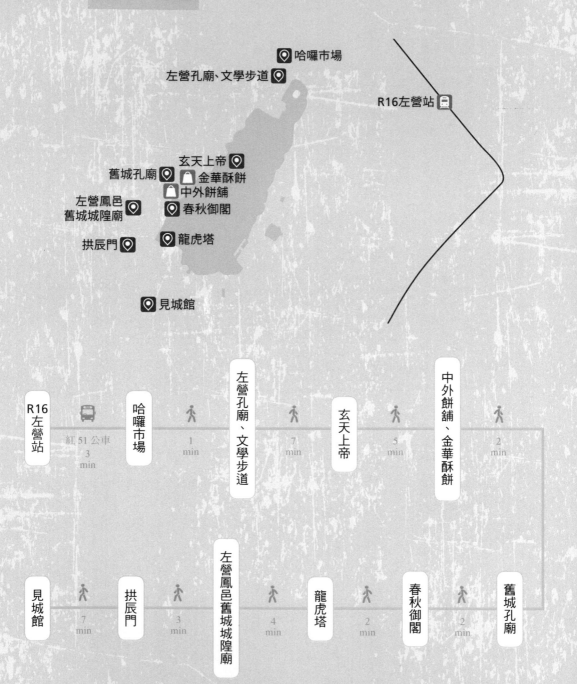

哈囉市場

左營孔廟、文學步道

R16左營站

玄天上帝

舊城孔廟　金華酥餅

中外餅舖

左營鳳邑
舊城城隍廟　春秋御閣

拱辰門　龍虎塔

見城館

R16左營站	🚌 紅51公車 3 min	哈囉市場	🚶 1 min	左營孔廟、文學步道	🚶 7 min	玄天上帝	🚶 5 min	中外餅舖、金華酥餅	🚶 2 min	舊城孔廟
見城館	🚶 7 min	拱辰門	🚶 3 min	左營鳳邑舊城城隍廟	🚶 4 min	龍虎塔	🚶 2 min	春秋御閣	🚶 2 min	

青埔站 × 橋頭糖廠站 × 橋頭火車站 百年糖廠巡禮一日遊

R23橋頭火車站

十鼓橋糖文創園區

助師傅烘焙坊
橋頭老街

橋頭糖廠

R22A橋頭糖廠站

R22青埔站

糖廠五分車

台糖高雄花卉農園中心

R22青埔站 — 5 min 🚶 — 台糖高雄花卉農園中心 — 糖廠五分車 10 min 🚃 — R22A橋頭糖廠站 — 貓站長 — 🚶 — 橋頭糖廠散步（太成肉包、雨豆樹廣場、白屋、橋仔頭社遺址、台糖冰品展售中心、廠長宿舍、社宅事務所、黑銅聖觀音像、豬仔博物館、製糖工廠）

助師傅烘焙坊 — 3 min 🚶 — 橋頭老街 — 5 min 🚶 — R23橋頭火車站（天工開物、台鐵橋頭車站）— 3 min 🚶 — 十鼓橋糖文創園區

樂遊・橘線

　　高雄捷運橘線從靠海的西子灣出發，穿越高雄港第三船渠底下，行經過鹽埕區後，緊接著穿過愛河下方。隨後沿著市區東西向的主幹道中正路一路往東，來到原高雄縣區的鳳山，最後止於大寮。橘線沿途串聯多個藝文設施，包括駁二藝術特區、歷史博物館、文化中心、衛武營國家藝術文化中心、大東藝術文化中心，宛如一條文化藝術路線。路線長度約紅線一半，共 14.4 公里，設有 14 座車站，全線幾乎都在地下行駛，直到抵達終點前才出土，位於最東邊的大寮站是全線唯一的地面車站。

捷運橘線周邊景點

高雄阿婆仔冰

郭家肉粽

香茗茶行

三山國王廟

壽山登山步道

高雄市歷史博物館

壽山動物園

勞工博物館

金馬賓館當代美術館

興隆居

O5/R10美麗島站

三餘書店

鼓山洞

中山大學

O4市議會(舊址)站

O7文化中心站

壽山國家自然公園遊客中心

忠烈祠&LOVE景觀台

愛河

天空雲台

O2鹽埕埔站

文化中心

莎士比亞烘焙坊

舊打狗驛故事館

阿綿麻糬

喫茶一二三亭

阿進切仔麵

高雄渡船頭海之冰

O1西子灣站

打狗英國領事館

李家圓仔冰

旗后燈塔

堀江商場

旗後砲台

旗津老街

哈瑪星台灣鐵道館

正家興

旗後教會

旗津海水浴場

勞動女性紀念公園

高雄市戰爭與和平紀念公園主題館

澄清湖

鳥松濕地公園

三和瓦窯
舊鐵橋天空步道

台灣鳳梨工廠
台鐵九曲堂站●

原日本海軍鳳山無線電信所

鳳儀書院

鳳山鳳邑城隍廟
曹公廟
平成砲台

大東藝術文化中心

迪立印度健康蔬食坊

高雄關帝廟
武廟市場

忘憂森林

O8五塊厝站

衛武營彩繪社區

O10衛武營站

鳳山西(市議會)站

O12鳳山站

O13大東站

O14鳳山國中站

衛武營國家藝術文化中心

同儀門

澄瀾砲台

黃埔新村

雙慈殿

訓風砲台

龍山寺

O1 西子灣站
Sizihwan (NSYSU) Station

　　捷運西子灣站站體狹長，兩個出入口也分立兩端。2 號出入口外是高雄市的觀光熱點，一出站就是「舊打狗驛故事館」，輕軌「哈瑪星站」緊鄰在側，一旁綠草如茵的大片土地屬於「哈瑪星鐵道文化園區」，一路連接到「駁二藝術特區」蓬萊倉庫群，是高雄近年最熱門的旅遊景點。從 1 號出入口出站則可前往鼓山輪渡站或中山大學。

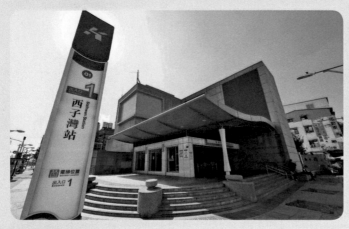

中山大學 📍
壽山國家自然公園 📍　　📍 忠烈祠&LOVE景觀台
遊客中心　　　　　　📍 天空雲台
舊打狗驛故事館 📍　📍 哈瑪星台灣鐵道館
喫茶一二三亭 📍　🚆 O1西子灣站
打狗英國領事館 📍　🍴 高雄渡船頭海之冰

旗后燈塔 📍　📍 旗津老街
旗後砲台 📍　🍴 正家興
　　　📍 旗後教會
旗津海水浴場 📍

勞動女性紀念公園 📍
高雄市戰爭與和平紀念公園主題館 📍

🏧 🚶 🛗　　　　　　　　　　　　　出口1 ▸

❓　　　　　　　　　　　　　　❓ 🔴AED

出口2 🚶 🛗 🚲
🚻

出口 ① 忠烈祠&LOVE景觀台
　　　壽山國家自然公園遊客中心
　　　高雄渡船頭海之冰

出口 ② 舊打狗驛故事館、天空雲台
　　　哈瑪星台灣鐵道館、中山大學
　　　打狗英國領事館、喫茶一二三亭

舊打狗驛故事館

　　捷運西子灣車站的所在位置，當地人習慣以台語發音的「哈瑪星」稱呼。與面積近 3 千平方公里的高雄市相比，哈瑪星這塊 7 萬坪不到的彈丸之地，卻是台灣第一個實施都市計畫的地方，也是高雄邁向現代化的起點，所有的故事從日治初期展開，由鐵道建設揭開序幕，當時舊打狗驛故事館的前身「打狗驛」就設在這裡，是台灣南北縱貫鐵道的終點。

　　日本在日清甲午戰爭後簽署的《馬關條約》中取得台灣，1895 年 6 月 17 日設置台灣總督府。第一任總督樺山資紀，向明治政府表達興築南北縱貫鐵道為統治台灣的一大急務，隨即展開縱貫線的調查工作。當時台灣有清朝巡撫劉銘傳興建基隆到新竹的鐵道，日本接收後交由陸軍使用，並於 1898 年完成打狗 - 新竹間 296 公里的陸軍輕便線，成為運送軍事物資的生命線，也是當時陸上連通南北的唯一交通方式。

　　1898 年第四任總督兒玉源太郎上任，任命後藤新平為民政局長（後改稱民政長官）。同年 11 月總督府成立「臨時台灣鐵道敷設部」，找來當時在日本鐵道建設技術少有人能與之並駕齊驅的長谷川謹介擔任技師長，負責推動這項重大交通建設，長谷川謹介深獲得後藤新平信任，領導一群優秀的鐵道部技師，在新殖民地大展身手。

1 | 2 / 3　1. 哈瑪星鐵道文化園區全景 2. 舊打狗驛故事館
　　　3. 哈瑪星鐵道園區靜態展示的鋼體客車

1 | 2　1. 館內展示的舊車票櫃 2. 全台灣唯一完整保留
3　　機械連動設備的北號誌樓 3. 貨單木櫃

　　長谷川動員龐大人力組成調查團隊，再次展開調查及測量，並依調查結果重新選定路線。1899 年南北縱貫鐵道建設從南部線開工，歷時近 10 年，儘管面臨瘧疾瘴癘、惡劣天候、材料運送困難等種種不利因素，依然沒有阻擋這群菁英技師團隊的決心，工程甚至還提早 1 年完工。全長 404.2 公里的南北兩端鐵路於 1908 年 4 月 20 日在台中接軌， 10 月 24 日舉行全線開通典禮，搭乘火車一早從台北出發，晚上就能抵達打狗，台灣歷史上首次南北一日生活圈成形，西部平原開始飛躍性成長，朝現代化邁進一大步，長谷川謹介也贏得「臺灣鐵道之父」之譽。

　　不過在縱貫鐵道完成前，「打狗 - 台南段」其實早已通車營運一段時間。1899 年 9 月，縱貫鐵道南部線從打狗開始施工，所需的鐵軌、資材與車輛都必須從日本輸入，工程上亦遭遇諸多困難，但僅歷時 1 年餘，1900 年 11 月 28 日就在山下町十七番地（今鼓山一路 87 巷口附近）的「打狗臨時停車場」(註1)舉行通車儀式，總督兒玉源太郎親臨開業儀式，打狗到台南單程僅需 1 小時 49 分，兩地間的交通從此進入新的時代，不再只有徒步或是利用獸力。

　　然而這個車站並沒有使用太久，隨著橋仔頭製糖所等現代化工廠完工，台灣的糖業蓬勃發展，糖製品出口及各式物產都利用打狗港集散，車站與碼頭有段距離且周邊腹地狹小，很快就不敷使用，於是利用浚渫港灣的土砂填海造陸而成的「鐵道埋立地」(註2)，在距離打狗臨時停車場以南約 800 公尺處，亦即現在舊打狗驛故事館所在地興建新的「打狗驛」，於 1908 年啟用，並利用濱線鐵道串連車站與港埠間，讓打狗港具備鐵道陸運與船舶海運的聯運功能，重要性與日俱增。

　　隨著 1941 年位在大港埔的帝冠式新高雄驛落成，這座車站也改名為「高雄港驛」並專營貨運，戰後成為台鐵「高雄港站」，是環狀臨港線最重要的一站，直到 2008 年底才正式廢站。

　　舊打狗驛故事館利用高雄港站的站體，展示當時的文獻與器具，像是車票櫃、零錢座、託運單木櫃、臨港線路線圖等，成為一座小型鐵道博物館。戶外空間更是精彩，月台邊石採用花崗岩材質，依然保留 1908 年落成時的原始高度，與現代越來越高的月台有著不小差異，軌道區陳列眾多富有歷史的退役機關車、車廂、煤斗車，其中 DT609 號蒸汽機車頭在 1929 年出廠，是日本針對 1,067mm 窄軌所開發的貨物用機關車，與客運用 8620 型蒸汽機車（台鐵 CT150 型）並稱「大正雙雄」。這輛 DT609 與日本國鐵 9600 型是同型車款，在日本生產，外觀沿襲英式機關車風格，自 1922 年到 1938 年間總共引進 39 輛，由於性能良好，台鐵一直使用到 1982 年才除役報廢，全台灣僅這一輛被保存下來，停靠在輕軌站旁與新穎流線的輕軌電車並列，讓人感受百年鐵道時光的流轉。

註 1：這裡所稱的「停車場」並非停放車輛的地方，在日文是「車站」的意思，東京車站一開始也是以停車場命名，稱為「中央停車場」，直到 1914 年完成後才改為「東京驛」。
註 2：指由人工所築成的土地，類似填海造陸或海埔新生地。

1
2
1.DT609 號蒸汽機車頭與依然保留日治時代的月台高度 2.CT259 蒸汽機車

🏠 高雄市鼓山區鼓山一路 32 號
🚇 捷運 O1 西子灣站 2 號出入口出站即達
🕐 10:00 ～ 18:00
📅 週一
🌐 https://trm.tw/

地圖

網站

天空雲台

　舊機關車頭停放的位置是哈瑪星鐵道文化園區，廣大鐵道綠地上共有 38 股舊軌道，一直延伸到二號碼頭附近，呈現美麗的扇形，大片綠色絨毯傍著壽山，鐵軌上擺設許多鋼鐵製成的裝置藝術品，搭配輕軌和完善的自行車道，已成為極受歡迎的休憩空間，也是我心目中高雄最美的一景。

　如果想一窺鐵道文化園區的全貌，可以利用橋梁改造而成的「天空雲台」。紅色的鋼橋原本是連接鼓山、鹽埕兩地的公園路橋，橫越臨港線鐵軌上方，因功能已被平面道路取代，政府原打算全部拆除，後來將本體結構保留下來並改造為觀光設施，以往供車輛行走的橋面變成景觀台，上橋後可以自在遊逛，是眺望鐵道文化園區的最佳場所。

1
2
3
4

1. 哈瑪星鐵道文化園區 2. 舊鐵軌上擺設許多鋼鐵藝術品 3. 天空雲台紅色鐵橋 4. 天空雲台的風景

🚇 捷運 O1 西子灣站 2 號出入口徒步約 4 分鐘

哈瑪星台灣鐵道館

　　駁二藝術特區的蓬萊倉庫緊鄰哈瑪星鐵道文化園區，有一處鐵道迷必訪的「哈瑪星台灣鐵道館」。全館以 HO（1：87）規格之鐵道場景、軌道與火車模型組成，將蒸汽機車、柴電機車、柴油機車、柴油客車、電聯車、新幹線、捷運、輕軌等 30 多款曾經或現在依然奔馳在台灣鐵道上的經典車輛，打造成縮尺模型，於模型鐵軌上動態實演。場景從高雄港站出發，沿著西部縱貫線北上，經北迴線、花東線、南迴線環島一圈，沿線主要車站及台灣具代表性風土都具體而微地呈現，也復原許多已然消失的場景，例如高雄港的扇形車庫、第三代台北駅、中華商場等，模型製作精細，許多細節都栩栩如生，非常精彩。

1.2.3. 以 HO(1：87) 規格打造台灣經典的鐵道場景 (11) 4. 台鐵台南車站與疾駛的高鐵列車 5. 還原日治時代打狗駅樣貌

不只有台鐵環島路網，像是台南烏樹林糖鐵與七股鹽鐵、阿里山森林鐵道、平溪礦鐵、集集支線、北投線、淡水線、臨港線、台灣高鐵、高雄捷運與輕軌共 12 條鐵道運輸網均詳實呈現，連在地底下的美麗島站都沒有忽略，搭配捷運進站時電聯車機電系統及鋼輪摩擦鐵軌所發出的聲音，生動寫實，也讓人看得目不轉睛，是鐵道迷一定要朝聖的地方。

如果覺得光用看的不過癮，戶外還有哈瑪星駁二線小火車可以搭乘，以 CT688 蒸汽機車、輕軌、新幹線 N700 系等數種車頭，載著遊客環繞蓬萊倉庫行駛，相當受到大家的喜愛。

$\frac{1}{\frac{2}{3}}$

1. 彰化扇形車庫
2. 哈瑪星台灣鐵道館
3. 哈瑪星駁二線小火車

地圖　　　網站

🏠 高雄市鼓山區蓬萊路 99 號（駁二藝術特區蓬萊 B7、B8 倉庫）

🚇 捷運 O1 西子灣站號 2 出入口，徒步約 2 分鐘即可抵達駁二蓬萊倉庫；輕軌 C13 駁二蓬萊站下車徒步約 1 分鐘

🕙 10:00 ～ 18:00（週五、六、日至 19:00）

📅 週二

💲 鐵道模型展 149 元（優待票 99 元），哈瑪星駁二線小火車 149 元（優待票 99 元），套票（含模型展及搭乘小火車 1 次）219 元（優待票 169 元），3 歲以下免費

🌐 hamasen.khm.gov.tw/

哈瑪星
歷史散步

日治時期哈瑪星空間範圍　蔡侑樺博士提供

1 | 2　1. 高雄港 2. 日治時期的哈瑪星行政區劃分（翻攝自
　　　舊打狗驛故事館展示資料）

　　初次來到西子灣的人，可能都會對「哈瑪星」這個充滿異國風味的特殊地名感到好奇，其由來與字面的意思沒有任何關連，而是從一條已經不存在的鐵道「濱線」日文發音「はません」借字轉化而來，如今已成為大家再熟悉不過的地名，於是捷運西子灣站以哈瑪星標示副站名，輕軌 C14 車站更是直接以此命名，英文寫成「Hamasen」，讓濱線相隔百年又再度復活。

　　以前教科書都說高雄港是天然良港，確實，天然潟湖形成的「打狗港」有旗津的屏障，具備優異的港灣地型，但實際上卻是地勢險峻多險灘。同治 12 年（1873 年），美國博物研究員史蒂瑞（Joseph Beal Steere，1842 ～ 1940 年）來福爾摩沙探險考察，他記錄著：「看見了打狗港的地標猴山。我們的船隻繞著猴山而行，在進港時，小心翼翼地穿過兩旁都是岩石的窄小水道，最後在離岸幾碼處下錨。港內風平浪靜，好像池塘一般，港外卻是驚濤駭浪。」此時打狗已對外開港將近 10 年，港灣的狀況卻依然不甚理想。

　　打狗港在日治初期更早已呈現淤淺狀態，失去天然良港的先天優勢，因此發展也遠不如鄰近的安平港。總督府民政長官後藤新平巡視全島後，派遣專家詳細調查所有的港口，確立能容納南部貨運吞吐的就只有打狗港，因此在 1905 年展開港灣改良工程，以浚渫海底土砂的方式改良港灣，並將砂土填埋為「鐵道埋立地」，面積約 4 萬坪，成為打狗驛及港埠倉庫群所在之處。隨著填土工程陸續完成，鐵道早一步先往南延伸至魚市場附近，用來連結車站作為運送貨物之用，這條鐵路也就是所謂的「濱線」。

　　假日總有眾多觀光人潮從捷運西子灣站 1 號出入口出站往輪渡站的方向走，這裡也正是哈瑪星的核心地區，有許多和、洋式的漂亮老房子，街道多為單行道，以現代眼光看來稱不上寬敞，卻有著如棋盤般的工整，宛如縮小版的高雄市街，哈瑪星亦如其名，曾經歷一段猶如流星璀璨但也短暫的時光。

　　1908 年當打狗築港計畫第一期工程展開後，對填海造陸充滿興趣的水泥王淺野總一郎提出計畫，並取得總督府同意，由旗下事業「台灣地所株式會社」以 4 年的時間獨自填築出 6.7 萬餘坪的土地，全新的打狗港腹地於焉誕生。這塊從無到有的海埔新生地被稱為「淺野埋立地」，與稍早完成的鐵道埋立地構成今日哈瑪星主要的土地空間。淺野埋立地後來在行政區上主要劃為「湊町」一到五町目，鐵道埋立地則是「新濱町」一町目及二町目。

　　總督府以台灣首見的都市計畫，有系統地將這裡規劃為新市街，設立小學校、郵局、銀行，以及自來水、電力等基礎建設，完善的公共設施，隨即取代旗後及哨船頭舊聚落，成為日治時期打狗的行政中心，商業金融及餐飲娛樂發達，吸引許多日本人從家鄉到此移民定居，哈瑪星也成為打狗邁向現代化的起點。

　　隨著日本的統治邁入穩定期，大正 9 年（1920 年）總督府大幅改革地方行政制度，設置 5 州 2 廳。當時主導的總務長宮下村宏是個相當有文采的詩人，認為「不雅、不好發音或字畫過多的，以及難以馬上發音的地名」均有改名的必要，於是以他喜愛的京都嵐山附近賞楓勝地「高雄」（たかお），取代發音相同的打狗（Takao），並將打狗廳從台南獨立出來，同時升格為「高雄州」，高雄此一地名正式在台灣登場；另一方面，位於嘉義的「打貓」則改為「民雄」（たみお），取名上考量到台灣這一對地名，可説非常用心。1924 年高雄設市，第一代市役所就設在鼓波街代天宮現址，之後鹽埕崛起、1939 年高雄市役所遷移，當地的發展也逐漸從高峰走下坡，如今僅能從整齊的街道及留存下來的歷史建物，追尋往日的繁華。

　　於此遊歷不妨拿一張觀光地圖，徒步按圖索驥追尋哈瑪星百年前的歷史，是認識近代高雄發展的最好方式。從捷運站 2 號出入口出站，舊打狗驛故事館正前一棟有著漂亮洗石子外牆及木造門窗的 4 層樓建築，前身即是站前的高級旅館「春田館」（1907 年），當年泊宿一晚要價 5 ～ 8 日圓，相當於臨時工半個月的薪水。當時隨著日本到台灣的連絡船日趨方便，吸引許多日本人來到充滿南國風情的台灣旅行，加上縱貫鐵道的通車，

這棟位於站前好地點的旅館，想必歷經過一段熱鬧時光。春田館在戰後重新改建，成為「貿易商大樓」（1940 年代），一直使用到 2014 年，經整修後目前開放參觀。

緊鄰貿易商大樓的「舊三和銀行」（1921 年）更是經典，最早是「三十四銀行」高雄支店，後來因與其他銀行合併，改為「三和銀行」高雄支店繼續經營，當時這個街廓曾有多達 5 間銀行在此設立，因此也有「高雄金融第一街」之譽。舊三和銀行建築有著對稱簡潔的立面，二樓白色立柱迴廊，呈現折衷主義的建築型式，現在以「新濱駅前」為名，成為一間相當受歡迎的咖啡店。正對面的「山形屋」（1920 年代）以清水紅磚砌成，當時是間書店，也兼營出版和印刷，可說是文化發信地，山形屋所出版的明信片，至今依然是文史工作者研究當時歷史與建築的重要參考依據。

轉進臨海二路，捷運站電梯對面的「舊高雄警察署」（1917 年），落成後曾先作為打狗支廳廳舍及高雄郡役所，是高雄第一個現代化警察總局，與山形屋同樣都使用紅色的清水磚，歷經百年卻依然歷久彌新。

1 2
3 4

1. 貿易商大樓 2. 舊三和銀行
3. 山形屋 4. 舊高雄警察署

順著臨海二路直走右轉鼓波街，「鼓山國小」的前身「打狗尋常高等小學校」於1913年在填海造陸的新市街完工後，遷至湊町的新校區，是專供日人子弟就讀的小學。路底是個T字型路口，長長的階梯可通往壽山最早開闢的千光路，往左走一小段距離，右手邊就能看到位在登山街的「武德殿」（1924年），原名「振武館」，有振興武德之意涵，紅磚搭配日本傳統歇山屋頂與唐博風入口，有著類似箭標的圖騰裝飾，同樣為和洋折衷樣式，目前有教練在此教授劍道，維持著與當時幾乎相同的用途，是古蹟活化少見的案例。

折返回鼓波街直走約250公尺，壯觀的廟宇牌樓是當地信仰中心「代天宮」，原址為第一代「高雄市役所」，於戰後1949年正式建廟，供奉五府千歲、清水祖師、觀音菩薩。代天宮建築歷史雖然不是很長，然而廟宇的雕刻作工精細，還有國寶級民俗畫師潘麗水所創作的門神彩繪。潘麗水在代天宮所留下的作品包含壁畫、油漆畫、擂金畫、梁坊畫、浮雕、彩繪等類型，總計超過200件，是一次欣賞大師作品的最佳場所，宛若潘麗水的博物館。不過代天宮自2019年起進行大整修，預計2023年才會完成，所幸在寺廟左側2樓的文物館仍可欣賞多幅大師的梁坊畫。廟埕有多家小吃攤位，美味又價格實惠，正好可作為這趟歷史散步的結尾。

1	
2	
3	4

1.2. 武德殿 3. 大師潘麗水的梁坊畫
4. 代天宮廟埕小吃

$\frac{1}{2}$ │ 3

1. 忠烈祠的狛犬與牌樓
2. 高雄神社遺留下來的石燈籠及狛犬
3. LOVE 景觀台

忠烈祠 &LOVE 景觀台

　　如果對腳力有自信，可以從武德殿旁的階梯拾級而上走到千光路，再沿著蜿蜒的道路，經過一座被改造過的紅色明神造鳥居後不遠，就能抵達位在壽山半山腰的「忠烈祠」，一路上常有單車從旁而過，這條壽山的登山道路是許多車友假日清晨最愛的騎乘地。

　　進入忠烈祠要先登上一段階梯，前方兩座大型石燈籠，搭配一對狛犬，石階上是一座頗為壯觀的牌樓，後方則有數對石燈籠，並排延伸到金黃琉璃瓦的宮殿式主建築，濃濃的中國風混搭著日本表情。忠烈祠前身是創建於 1910 年「打狗金刀比羅神社」，從位於四國香川縣金刀比羅信仰的總本宮「金刀比羅宮」分靈而來，主祀大物主神、崇德天皇，是遠渡來台的日本神明。

　　神社原本建在山下靠近鹽埕埔庄一帶，由於社地狹小，一度打算遷移到今法興禪寺現址，連大階梯都已經做好，1928 年選定壽山紀念公園山腰處建造新的神社，再將舊神社遷座至此，並改為「高雄神社」，屬於縣社，正式列入日本國家神道系統。高雄神社一年之中會舉辦許多祭典、活動，參拜者絡繹不絕，位於山下町的店家還發展出高雄名物「金毘羅餅」，可惜早已失傳，讓人好奇這名物滋味不知如何。1972 年台日斷交，引發拆除神社的風潮，高雄神社也被報復性拆除並改建成忠烈祠，只留下鳥居、石燈籠座、狛犬等可供憑弔。

　　如同香川的金刀比羅宮可以眺望讚岐平原，高雄神社的所在地也有著絕佳視野，如今登上階梯，高雄港、哈瑪星鐵道園區及市街景致一覽無疑，設在牌樓前方平台的「LOVE 景觀台」也成了欣賞高雄的最佳場所，夜景浪漫。階梯右方也設了一處展望台，景色亦佳，有完善的涼亭可遮蔭，是車友途中最好的中繼站。

🏠 高雄市鼓山區忠義路 32 號

🚇 捷運 O1 西子灣站號 1 出入口，徒步約 15 ～ 20 分鐘，或捷運 O2 鹽埕埔站 4 號出入口出站轉搭 56 號公車，在情人景觀台站牌下車（週一停駛）

🕐 8:00 ～ 17:00 （LOVE 景觀台 24 小時開放）

地圖

1
—
2

1.LOVE 景觀台夜景
2. 展望台風景

壽山國家自然公園遊客中心

　　從忠烈祠沿著原路下來距離紅色鳥居不遠處，有一處咾咕石外牆環繞的嶄新建物，是
2019 年底甫揭牌的「壽山國家自然公園管理處」，左邊設有對外開放的遊客中心。展
示室很有巧思的以壽山特有的珊瑚岩地形做成廊道，介紹壽山地質的形成與豐富的自然
生態，劇場的影片結合沙盤投影也相當精彩，屋頂展望台同樣擁有好視野，天氣好的時
候可以看到離島小琉球。

1 | 2 / 3

1. 壽山國家自然公園遊客中心
2. 仿珊瑚岩地形的廊道
3. 屋頂展望台風景

地圖

網站

🏠 高雄市鼓山區萬壽路 301 號

🚇 捷運 O1 西子灣站號 1 出入口，徒步約 15 分鐘；或捷運 O2
　　鹽埕埔站 4 號出入口出站轉搭 56 號公車，在情人景觀台站牌
　　下車徒步約 5 分鐘（週一停駛）

🕐 9：00 ～ 17：00

🌐 nnp.cpami.gov.tw/

中山大學

　　提到西子灣除了會讓人聯想到海水浴場外，另一個應該就是「中山大學」了，校舍依著壽山山勢而建，因此校內有不少坡道。學生們最常利用「西子灣隧道」進入校園，從捷運西子灣站 1 號出入口出站，沿著臨海二路直走到底就能抵達，洞口前的交通號誌旁立著「國立中山大學」字樣，以隧道為校門口也成為該校一大特色。

　　1917 年設置的「壽海水浴場」在日治時期是南部一大休閒勝地，為了讓民眾能更方便前往海水浴場，於是修築這條「壽山洞」（1927 年）隧道，從此不用再繞行哨船頭，大幅縮短了交通路程。戰時這條隧道曾作為防空洞，現在則成了學生和一般民眾前往學校的捷徑。

　　通過隧道進入中山大學的校園，洞口前有一面約 2 層樓高的厚重防爆牆，如今已被榕樹的氣根包覆占據，再往前走就是行政大樓及理、工、社科、管理等學院組成的校內最大建築群，包圍著中庭廣場，是一處開放空間。行政大樓前方還有體育館和逸仙館，往右走能通往「西子灣南岬頭沙灘」，是一座免費的海水浴場，能欣賞西子灣夕照的山海美景。

　　其實中山大學真正的大門在行政大樓正前方，不過尚有一段距離。順著蓮海路直走經過學校的操場後，海就在右手邊，一整排的護欄如同城牆，隔出一格一格的空間，正好可容納 2 個人，形成俗稱的「情人洞」，正對著守護高雄港的出口與旗后燈塔，時有大船入港，也可以欣賞古稱「打狗隙」的夕照絕景，每當日落時分總吸引著戀人們來此散步約會。

	1
2	3

1. 中山大學校園
2. 西子灣隧道
3. 西子灣南岬頭沙灘

西子灣南岬頭
沙灘地圖　　網站

🏠 高雄市鼓山區蓮海路 70 號

🚇 捷運 O1 西子灣站 2 號出入口出站徒步約 6 分鐘可抵達西子灣隧道口，或轉乘橘 1 公車至中山大學行政大樓站牌下車

🕐 9:00 ～日落（西子灣南岬頭沙灘）

🌐 www.nsysu.edu.tw/

打狗英國領事館

　　打狗原本只是個小漁村，在 1858 年清廷與英法簽訂《天津條約》後，於 1863 年正式開港，隔年設立台灣關，打狗也從此登上國際貿易的舞台。為了拓展貿易，英國政府把原本駐台灣副領事館從安平遷到打狗，1865 年升格為領事館，成為英國駐台灣第一個正式領事館，並將原副領事史溫侯（Robert Swinhoe，或譯為郇和）升任為領事，起初英國將領事館設在商船「三葉號」（Ternate）上，後來在旗後租用民房。其實打狗港的泥砂淤積問題到了 1870 年代已經相當嚴重，不過時任英國領事有雅芝（Arthur Roch Hewlett），深信清國不會放任先天條件這麼好的港口不管。因此在 1876 年，英國政府決定在打狗港入口高處自建官邸，同時選定船隻停靠的哨船頭緊鄰台灣關的地方設立辦公處所，兩處均在 1879 年落成，並闢有一條小徑連接。

　　從中山大學大門前不遠處的白色階梯可以上到官邸，為領事居住及接待使節賓客的場所。這棟由英國人設計的紅磚建築，有著殖民地外廊式風格，四周外牆有連續的半圓拱，稱不上華麗，呈現出簡樸的風格。由於官邸就位在打狗港入口西北方，居高臨下、視野極佳，往西可看到位於旗後山頂的旗后燈塔，並能品味日落的絕美景緻，另一邊有整排面港的座位，可以欣賞船流不息的高雄港。

1 | 2 / 3　1. 打狗英國領事館官邸夕照 2. 打狗英國領事館官邸 3. 英國領事館辦公室與山上的官邸

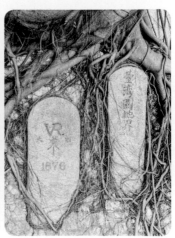

早期因史料缺乏，長期將此處認定為領事館，經詳查英國國家檔案局資料，證實真正的領事館辦公室其實設在哨船頭旁，官邸才得以正名。考據的同時也梳理出一條連接山下的古道，127 級石砌階梯涵蓋約 10 層樓的落差，既原始又陡峭，在中段有一尊史溫侯的蠟像，正認真研究手上的小蜥蜴，一旁有隻台灣獼猴直盯著瞧，活靈活現的模樣，也生動地介紹了這位另一個身分是生物學家的首任英國領事。

位在山下哨船頭旁的英國領事館辦公室，設置領事館、巡捕房、監牢等，日治時期由於英國將領事館及官邸產權移轉給日本政府，山下的領事館則是設立高雄州立水產試驗場。這個展區以蠟像為主，呈現出當時的時代氛圍，像是傳教士馬雅各（James Laidlaw Maxwell）醫師正悉心為民眾治療眼疾，館內有英國因為許多教堂遭焚毀及英商私運樟腦被扣、派遣領事吉必勳（John Gibson）與清朝官員曾憲德透過翻譯交涉的場景。

1		2
3	4	5

1. 山下的英國領事館辦公室以生動的蠟像重現清領時打狗港邊的景象 2. 臺灣關地界，以及 VR 1876 3. 正認真研究小蜥蜴的史溫侯蠟像 4. 吉必勳與曾憲德透過翻譯交涉 5. 忙碌的哨船頭碼頭以及洋商和買辦

位於辦公室前方的戶外蠟像更是精彩，還原當時忙碌的哨船頭景象，小販向異國船員兜售小吃、洋商與漢人買辦協調，以及領事夫人瑪麗搭乘轎子外出的樣子，無不維妙維肖，也讓人對一百多年前清領時代的打狗有了更具體的想像。館內有兩塊石碑，分別寫著「臺灣關地界」、「VR 1876」，這裡的 VR 可不是虛擬實境之意，而是「維多利亞皇室君主」（Victoria Regina）的縮寫，用以界定地界，並標示領事館範圍內為英國所屬之領地，是珍貴的歷史文物。

　　從領事館出來往右轉不遠處，有建於 1876 年（光緒 2 年）的「雄鎮北門」砲台，由沈葆楨派唐定奎督造，與旗後砲台共同扼守打狗港，是一座融合英式及中國城門風格的清代砲台。

打狗
英國領事館
山下辦公室
地圖

打狗
英國領事館
山上官邸
地圖

網站

🏠 高雄市鼓山區蓮海路 20 號

🚆 捷運 O1 西子灣站 2 號出入口出站，轉乘橘 1 公車至西子灣站牌下車

🕐 10:00 ～ 19:00，週末及國定假日 9:00 ～ 19:00

📅 週一

$ 99 元，高雄市民、學生 49 元，1 ～ 6 歲及 65 歲以上 39 元

🌐 britishconsulate.khcc.gov.tw/

書店喫茶一二三亭

　　在西子灣站 2 號出入口後方舊稱「新濱町一丁目」的街廓上，也留存幾棟饒富鑑賞價值的歷史建築，出站後沿鼓山一路，過了臨海新路立刻就能看到。首先是相鄰的「本島館」及「高州館」，在日治時期都曾是旅館，一旁「合美運輸組」正面帶著歐式風格，側面有著漂亮的英式磚砌牆，目前內部為西餐廳。轉角處一棟日式 2 層建築是「明治製菓高雄配給所」，結構依然完整。

1 1. 原本島館及高州館
─
2 2. 原合美運輸組

旁邊的「書店喫茶一二三亭」，在日治時期是由日本人所經營的「一二三亭」（1920 年），是一處高級料亭，在用餐時還能欣賞藝妓表演。戰後歷經多次用途轉變，建築雖有部分改建，仍保留日本時代的屋頂形式，業者沿用原來料亭之名，加上「書店喫茶」，轉變個風貌讓更多人可以來親近這百年老屋。

一旁的「打狗文史再興會社」利用原「佐佐木商店高雄支店」（1929 年）的建築，與一二三亭都是推動哈瑪星當地文化保存的重要據點。打狗文史再興會社入口暖簾上有個漂亮的 logo，是日治時期的高雄市徽，乍看像是用一對菱形上下堆疊，然而仔細一看就會發現其實是以「高」的日文發音「タカ」兩個片假名組成，源自 1929 年高雄市役所舉辦的市徽募集，當年共吸引多達 1,840 件投稿，經過激烈競爭與嚴謹的評選，最後由住在台南市明治町的川本五虎設計的作品脫穎而出，正式成為高雄市徽，線條看似簡潔，卻相當富有設計感。

1. 原明治製菓高雄配給所 2. 原佐佐木商店高雄支店 3. 書店喫茶一二三亭 4. 打狗文史再興會社圓圈內圖樣，是日治時期的高雄市徽

地圖　　網站

書店喫茶一二三亭

🏠 高雄市鼓山區鼓元街 4 號 2 樓
🚇 捷運 O1 西子灣站 2 號出入口出站徒步約 3 分鐘
🕐 10:00 ～ 18:00
🌐 www.facebook.com/cafehifumi/

旗津

　　轉換一下旅行的交通工具，從輪渡站搭乘渡輪「鼓山 - 旗津航線」，只要 5 分鐘左右就能抵達對岸旗津。這條忙碌的航線，是旗津當地居民前往鼓山及高雄市區最常利用的公共交通渡輪，下層可直接騎機車進入，上層有座位區，每逢假日則總是載著滿滿的遊客，熱鬧非凡。事實上，旗津正是高雄旅遊第一大熱區，根據統計，2019 年旗津共吸引 610 萬人次的遊客，足足為設籍人口的 240 倍，觀光人數甚至比駁二藝術特區還多，熱門的程度不難想見。

1 | 2
―――
3

1. 打狗隙 2. 鼓山輪渡站 3. 班次密集的渡輪

1	2	3
	4	

1. 旗津天后宮 2. 人力觀光三輪車 3. 旗津老街 4. 番茄切盤的醍醐味在於特調醬料

━ 旗津老街

渡輪抵達旗津靠岸後，船員熟練地在繫纜樁套上繩索，在放下鐵板的同時，一輛輛機車宛如表演特技般，幾乎沒有間隙地迅速騎到岸上，渡輪再迎來另一批乘客登船後離岸開回鼓山，是這條忙碌航線的日常風景。

旗津輪渡站前是熱鬧的老街，7-ELEVEN 前樹下有幾輛三輪車等待著客人上門，這是台灣僅存的人力觀光三輪車，曾是旗津最常見的交通工具，相當於古早的計程車，隨著車伕年事漸長，如今只剩 10 個人還在營業。每輛三輪車保養的情形都相當好，看不出至少都有 3、40 年以上的歷史，車伕們都對旗津知之甚詳，可以載著遊客前往想去的景點，是充滿懷舊與人情味的旅遊方式。

老街在假日午後會禁止車輛進入以免交通打結，兩旁商店林立，以海鮮店家最多，冰品店也為數不少，這裡的番茄切盤有著南部特有的吃法，沾醬為醬油膏搭配白糖和薑末，吃過後讓人回味不已，建議不要錯過了。

打狗最早的市街發展始於旗後及對岸哨船頭一帶，老街上的「旗後天后宮」是全高雄歷史最悠久的媽祖廟，建基於明鄭時期的 1673 年，目前廟宇於 1926 年（昭和元年）重建，再於 1948 年由地方名士蔡文賓等人捐獻整修完成，廟宇建築優雅、香火鼎盛，是旗津的信仰中心。

— 旗后燈塔

　　從天后宮後方右轉通山街直行到底接旗下巷，就能抵達「旗後山」山腳，左右兩條小路都能上山，從右邊上去是「旗后燈塔」。高雄的夏天在早上 7 點以後往往就飆升到近 30 度的高溫，從輪渡站走到山下已讓人汗流浹背，蜿蜒的登山步道更是讓人煎熬，不過走這段路的辛苦是值得的，中途就能飽覽高雄港及西子灣的風光。

　　打狗在同治 2 年（1863 年）開港，度過 1870 年代的貿易低潮期後，入港船隻越來越多，建燈塔的呼聲日增，不過如同放任打狗港淤塞的心態一樣，保守的清廷擔心外國船隻複雜不易管理，暗自希望外國人對這裡越沒興趣越好，根本沒有興建燈塔的打算。遲至光緒 9 年（1883 年）終於在旗後山的制高點建造燈塔，原因不是開竅了想要好好發展打狗港，而是當時大清與法國間的情勢不穩，清廷擔心清法戰事一起，法國軍艦會趁黑進入打狗港，趕緊聘請英國技師建造燈塔，也是台灣本島繼鵝鑾鼻燈塔（1881 年）之後興建的第二座燈塔。

　　日本統治台灣後，陸續進行打狗港的港灣改良及築港工程，打狗港吞吐量大增，一躍成為台灣第二大港。於是在 1918 年於舊燈塔旁新建燈塔，純白的西式建築搭配全台唯一的八角型塔身，黑色頂部為圓筒狀，至今仍維持興建當時的建築外觀，落成百年以來不間斷的發出光芒，為船舶指引明確的行進方向。

地圖

🏠 高雄市旗津區旗下巷 34 號
🚍 旗津輪渡站徒步約 15 分鐘
🕙 10:00 ～ 18:00
📅 週一

1	
2	3

1.2.3. 旗后燈塔

一 旗後砲台

從燈塔的側門出來，經過一條樹林茂密的小徑就能通往「旗後砲台」，最早創建於康熙年間。光緒元年（1875 年）牡丹社事件發生後，清廷為了加強台灣南部的海防，重建旗後砲台，同時期興建的還有安平的「億載金城」。

1894 年，清廷曾密令劉永福率黑旗軍來台幫辦防務，強化包括旗後在內的三處砲台，劉永福曾一度將指揮部設在此處，據說當時黃飛鴻也受邀來台灣協助防務。陳奕齊在《打狗漫騎》書中推測，以兩人關係之交好，黃飛鴻跟隨著劉永福來到旗後砲台教授武術，似乎也非全然只是想像。

進入日本統治，砲台原有功能不再，逐漸荒廢。1920 年 7 月，日本文豪佐藤春夫在台灣地方制度改正前夕來到台灣，從基隆南下打狗，某日下午在友人的帶領下搭乘舢舨來到旗津，多年後他在《暑夏之旅的回憶》一文寫道：「爬到砲台遺跡上，迎著傍晚涼爽的風散步是最好的。廢址很廣，用很多磚頭敷疊起來，形成一個三、四段的廣場。到處都有狹窄的階梯…」時隔百年，對照現地似乎也相去不遠。

1 | 2
3 | 4

1.2. 旗後砲台 3. 砲台以囍字裝飾外牆
4. 旗後砲台特有的紅磚八字牆

1 / 2 / 3

1. 彈藥庫
2. 前面兩字毀於日本軍艦的砲擊
3. 旗後山的石灰岩岸

🏠 高雄市旗津區旗後山頂
🚇 旗津輪渡站徒步約 15 分鐘

地圖

旗後砲台使用大量紅磚堆疊，搭配階梯形成三層的立體空間，如果從上空來看，整座砲台呈「目」字形，長約 110 公尺，包含兵房、指揮區、彈藥庫及礮臺，格局保存完整，整修後維護狀況良好，且由於居高臨下，高雄港和旗津沙灘的海岸線盡收眼底，成為內行玩家的私房景點。

旗後砲台最特別的是礮臺門口，有向外張開的紅磚八字牆，兩側門柱上砌著「囍」字圖案，充滿中國建築風格。砲台門額上寫著「口口天南」，前兩個字毀於日本的砲擊。1895 年《馬關條約》簽署後清廷將台灣的統治權移轉日本，台灣仕紳組織台灣民主國頑抗卻一路敗退，日軍南下，派遣軍艦攻擊打狗港，砲台門額前兩字被吉野號砲擊轟掉，毀壞的二字有一說為「砥柱」，一說為「威震」，並無定論，因此僅以浮雕方式修復。其實當時打狗守軍將領劉成良在兵臨城下的前一天，已先避走台南投靠劉永福，日軍不開砲也能長驅直入，或許就不會留下這歷史之謎了。

從另一側下山，可以走到山下的旗津隧道口，這一條原本是軍事戰備隧道，經整建規劃為「星光隧道」，地面鋪著平整好走的木棧道，洞口海風徐徐吹撫，讓人消解不少暑意。隧道前方就是台灣海峽，遠處數艘巨大貨輪等候進港，海浪拍打著旗後山的石灰岩岸，有著不同於沙灘的另一番風光。

一 旗後教會

在老街後段有一棟高聳的灰色建築，是「旗後教會」新教堂，挺拔的歌德式建築復古雅緻，和周邊建築相比顯得特殊。

旗後教會的歷史悠久，1865 年英國長老教會海外宣道會差派宣教師馬雅各醫生，來到台灣宣教的第一站就是打狗，也就是旗後。一行人傳教行醫，在 1866 年興建簡易醫館（打狗醫館），是台灣第一個西醫醫館，也創立台灣基督長老教會第一間「打狗禮拜堂」。當時醫館有 8 張病床，馬雅各醫師以精湛的醫術為居民治療瘧疾、眼疾等病痛，漸漸獲得當地居民的信任，也開始能接受基督教。1935 年教堂改建為仿羅馬式建築，經過 70 多年結構逐漸老舊，於 2009 年改建，當時教友們在老街上義賣冰沙、海產來籌措資金，2013 年新教堂落成，獨特的造型已成為旗津的地標。

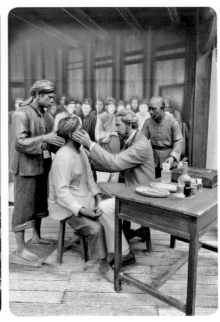

1 | 2　　1. 歌德式旗後教會新堂 2. 馬雅各醫師幫民眾看診項目以眼疾最多

地圖

🏠 高雄市旗津區廟前路 13 號
🚇 旗津輪渡站徒步約 5 分鐘
🕐 週六 9:30 ～ 11:30、13:30 ～ 16:00，週日 13:30 ～ 16:00

━ 旗津海水浴場

　　老街的盡頭連接海水浴場，狹長的沙灘適合戲水、玩沙、沖浪，沙灘旁開闢成帶狀的海濱公園，有完善的自行車道，稱為「旗津踩風大道」。串連的第一個景點是「彩虹教堂」，以多彩的幾何方框搭配水池與海景，將攝影角度放低，教堂就彷彿漂浮在海面上，是旗津一大熱門打卡景點。再往南一點是「旗津貝殼館」，市民收藏家將私人收藏捐獻出來成立，展示眾多珍稀的貝殼。相距約 250 公尺外有一個巨大的公共藝術「旗津海珍珠」，由台灣藝術家林舜龍設計，面海的蚌殼內部塗成金色，站在裡面可以享受海風吹拂，同時聆聽大海的聲音。

1	2
3	4

1. 彩虹教堂 2. 旗津海珍珠 3. 雙螺台
4. 旗津風車公園

旗津海珍珠　　彩虹教堂地圖
地圖

勞動女性紀念公園

回到貫穿旗津的主要道路繼續往中洲方向直行，會經過「勞動女性紀念公園」，紀念在 1973 年 9 月 3 日清晨發生的一起重大意外。在台灣經濟起飛的年代，早上通勤時，旗津往高雄的渡輪總是班班客滿，一艘旗津中洲往高雄的渡輪一如往常的「超載」，行駛沒多久因機械故障船艙開始進水，慌亂的乘客爭先恐後地往岸邊奔去，使得船隻翻覆沉沒，25 名在高雄加工出口區工作的女性不幸罹難，是一起為了拚經濟而導致的重大職災。後來將 25 名罹難者合葬於此，稱為「二十五淑女之墓」，當地人都以「姑娘廟」稱之。2008 年高雄市政府重新整修，並更名為「勞動女性紀念公園」，希望喚起社會重視兩性平權與勞動安全的議題。

高雄市戰爭與和平紀念公園主題館

造型奇特的旗津區公所大約位在旗津島的中央，對面是「高雄市戰爭與和平紀念公園主題館」，是全台灣唯一紀念台灣兵的主題館，紀念當時被徵召前往東南亞及中國參與各項戰爭的台灣兵。館內規模不大，台籍老兵的各類文物、史資與書籍卻相當豐富，推動台籍老兵及其遺族權益運動最不遺餘力的許昭榮先生銅像，亦陳列其中，可讓世人了解這個較少為人知的議題。

展館外牆以灰白兩色的馬賽克磁磚，拼貼出分別戴著日軍、國府軍及共軍三種帽子的台籍士兵，流露出無言且深刻的控訴，草地上一尊插著翅膀、彎身低頭的老兵雕像，傳達著無論老兵魂歸何處，我們都召喚你回鄉的涵義，祈願和平降臨全世界的那一天終能實現。

🏠 高雄市旗津區旗津二路 701 號
🚌 旗津輪渡站自行車約 11 分鐘
🕙 10:00 ～ 18:00
📅 週一
🌐 www.facebook.com/WarandPeaceMemorialPark/

地圖　　網站

1｜2｜3

1. 高雄市戰爭與和平紀念公園主題館 2. 高雄市戰爭與和平紀念公園主題館內部 3. 廣場上的老兵雕像

食info

高雄渡船頭海之冰
鼓山輪渡站前大分量名物冰店

🏠 高雄市鼓山區濱海一路 76 號　🚇 捷運 O1 西子灣站
1 號出入口徒步約 5 分鐘　🕐 11:00 ～ 23:00　👍 水果
牛奶冰、芒果牛奶冰

地圖

網站

蘇阿嬤雞蛋酥
銅板價的台式傳統小點心

🏠 高雄市鼓山區濱海一路 96 號　🚇 捷運 O1
西子灣站 1 號出入口徒步 5 分鐘　🕐 11:30 ～
20:00　📅 週四　👍 原味、紅豆、芋頭

地圖

網站

丸浜霜淇淋
哈瑪星散步甜食日式霜淇淋

🏠 高雄市鼓山區麗雄街 27 號　🚇 捷運 O1 西
子灣站 1 號出入口徒步約 2 分鐘　🕐 13:00 ～
21:30

地圖

網站

👜 伴手禮推薦

正家興

　　旗津起家的「波士頓派」專賣店，原味、藍莓口味都好吃，
價格實惠，原本要到中洲才能買到，現在旗津老街上也有門市。

地圖

網站

🏠 高雄市旗津區廟前路 44 號
🚇 旗津輪渡站徒步約 4 分鐘
🕐 10:00 ～ 19:00（週末至 21:00）

O2 鹽埕埔站
Yanchengpu Station

　　全線幾乎都在地下的捷運橘線，從西子灣站發車後往東穿越高雄港第三船渠下方，以近 90 度的大轉彎往東北向行駛，隨即抵達坐落在大勇路的鹽埕埔站。由於所在的路幅較窄，站體為了配合路型，採狹長型設計，車站長度將近 290 公尺，約是其他車站的 1.5 倍，與西子灣站非常相似。

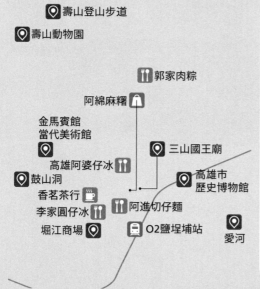

📍 壽山登山步道
📍 壽山動物園

🍴 郭家肉粽
阿綿麻糬 🛍
金馬賓館
當代美術館 📍
高雄阿婆仔冰 🍴
📍 三山國王廟
📍 鼓山洞
📍 高雄市
歷史博物館
香茗茶行 ☕
李家圓仔冰 🍴 🍴 阿進切仔麵
堀江商場 📍 🚆 O2鹽埕埔站
📍 愛河

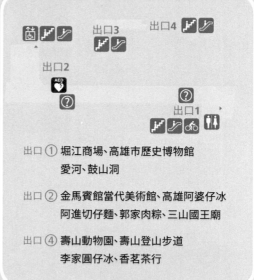

出口 ① 堀江商場、高雄市歷史博物館
　　　　愛河、鼓山洞

出口 ② 金馬賓館當代美術館、高雄阿婆仔冰
　　　　阿進切仔麵、郭家肉粽、三山國王廟

出口 ④ 壽山動物園、壽山登山步道
　　　　李家圓仔冰、香茗茶行

1 | 2　1. 三山國王廟是鹽埕當地的信仰中心
　　　2. 銀樓林立的新樂街又稱「金仔街」

鹽埕老街散步

從「鹽埕」的地名大概可以猜到這裡以前是鹽田，清朝康熙年間在此設置「打狗鹽場」（後改稱「瀨南鹽場」），形成「鹽埕埔庄」及「鹽埕庄」一小一大兩個漢人聚落，三山國王廟是後者的信仰中心。

進入日本統治後，總督府在 1908 年廢除 36 甲鹽田，之後為了配合打狗築港及市街用地計畫，於 1914 年將鹽田全部廢止，歷經二百多年曬鹽歷史的瀨南鹽場從此走入歷史。1920 年完成矩形格狀規劃的街廓，並設置北野、鹽埕、榮、堀江、入船等五個町，完善的規劃帶動當地發展，亦吸引許多日本人移住，1930 年代起正式從哈瑪星手中接棒，成為高雄第一「盛り場」，即繁華街之意。這裡除了有從旗後遷來的「遊廓」（紅燈區），高級料亭、酒樓、劇場、飲食店、咖啡店林立，高雄第一棟設置「流籠」（電梯）的百貨公司「吉井百貨店」（1938 年）也在此開設，在娛樂、飲食及百貨業的帶動下，鹽埕無疑是高雄最摩登時尚的地方。

捷運 2 號出入口外是新樂街，隨著時光荏苒呈現出不同風貌。新樂街從愛河畔開始，這裡在 1920 年代稱為榮町，有帶動鹽埕經濟發展的遊廓，共 12 間貸座敷（娼館）及超過 50 名藝妓，又有「花街」的稱號，榮町也成了一座燈紅酒綠的不夜城，遠比現在熱鬧太多，如今原址已變成學校，沒有留下任何遊廓的蛛絲馬跡。

靠近捷運這一段的新樂街則餘韻尚存，當地人稱為「金仔街」，黃金珠寶店林立，好像一條金飾專賣街，高雄人結婚喜慶必然會想到這裡採買金飾，約莫在 1970 年代發展起來。從高雄發跡的「樺達奶茶」總店也位於新樂街上，近年帶動起一股風潮，吸引數家奶茶店群聚，口味各有擅長，觀光客莫不人手一杯，有人戲稱這裡儼然已成為「奶茶一條街」。

新樂街往西走，與之交叉的瀨南街上有許多老字號的小吃店，如阿進切仔麵、阿貴虱目魚，繼續往七賢路的方向，一不小心可能就會錯過與瀨南街平行的「大溝頂」。底下原本是愛河支流「後壁港」，日治時被填築取直，具有排水及分洪的功能，又稱為「大溝」。1950 年代在上方加蓋，再用木板水泥瓦片搭建成商店街，共有興華、富野、七賢、大公、新樂、鹽埕、堀江等 7 個集中市場，曾盛極一時。

從新樂街右轉鑽進約 2 公尺狹小路幅的新樂商場，時光好像倒轉數十年，古早味的「三郎麵包廠」、明亮的「阿綿麻糬」，或是虱目魚米粉、肉粽店，都是老街上的美食。另一側的鹽埕第一公有市場，近年在年輕人的創意下推動「青銀共市」，開設了數家既老派又富有文青風格的小店，為老市場注入不少新氣息，也成為觀光客帶著散步地圖尋找的目標。

```
  1
2 ─┼─
 3 │ 4
```

1. 阿綿麻糬 2. 鹽埕第一公有市場內年輕人開設的雜貨店 3. 鹽埕第一公有市場 4. 大溝頂商店街彩繪

　　鹽埕埔站 4 號出入口正對著五福路四路，街角有文具控不會錯過的老字號文具品牌「SKB 文明鋼筆」門市。五福路四路往西一路連到七賢路三路一帶，曾是高雄最熱鬧的聲色娛樂場所。自 1950 年起，受到韓戰、中美共同防禦條約，以及直到 1975 年才結束的越戰影響，高雄港成為美軍第七艦隊的補給港，許多下船休假的美國大兵出手闊綽、一擲千金，也活絡了鹽埕區的經濟，西餐廳、俱樂部林立，短短幾百公尺內更有超過 70 間酒吧，成為名符其實的「酒吧街」。目前這一帶仍有數間，與這段過往有著密切關連。購自美軍的商品，加上商船與漁船走私、船員挾帶、跑單幫、拆船等各種取得商品管道，連帶也促成堀江商場的發展。

1 / 2　1.SKB 文明鋼筆門市 2. 七賢路上的高雄港牌樓，早期附近是酒吧街

食info

阿進切仔麵
來到鹽埕必吃的古早味麵店

🏠 高雄市鹽埕區瀨南街 148 號　🚇 捷運 O2 鹽埕埔站 2 號出入口徒步 3 分鐘　🕐 10:00 ～ 20:00　👍 米粉羹、黑白切

地圖

李家圓仔冰
鹽埕第一公有市場手工湯圓老店

🏠 高雄市鹽埕區新樂街 213-35 號　🚇 捷運 O2 鹽埕埔站 4 號出入口徒步 3 分鐘　🕐 12:30 ～ 21:30　📅 週一　👍 圓仔湯、八寶冰

地圖

堀江商場

　　穿過鹽埕第一公有市場走到五福四路，馬路的對面就是「堀江商場」，源自日治時期「堀江町」這個行政區名。在五福四路、七賢三路、必忠街、瀨南街所包圍的街廓裡，有數條商店街及二百多個店鋪。在 1960 ～ 70 年代，堀江在南部可說是無人不知的熱鬧商場，每逢假日更是摩肩擦踵，來到堀江，不管是什麼奇巧的東西、高檔的舶來品，或是俗稱的「港貨」，只要有錢都能買到。

　　商場裡有南北向的堀江一街、二街、三街，總長度逾 300 公尺，狹窄的走道兩旁商店一字排開，有縮小版的大阪天神橋筋商店街的感覺，照明略顯昏暗、音箱流轉著懷舊的音樂飄散在空氣中，和現代的百貨商場比起來既不寬敞也不明亮，卻更有逛街的氣氛。商店街裡以服飾精品店最多，茶行居次、也有不少店家販賣日本食品、南北貨，經營者普遍年紀較長，上門顧客也以熟客居多，偶爾有好奇想一窺舊時繁華的年輕面孔。隨著時代轉變，堀江的生意跟以前比起來有如雲泥之別，不過豐富的商品選擇，對許多長輩來說仍是很好的購物管道。

地圖

🏠 高雄市鹽埕區五福四路及七賢三路口
🚆 橘線 O2 鹽埕埔站 1 號出入口徒步約 3 分鐘
🕐 12:00 ～ 22:00（各店家不一）
📅 每月 20 日

1 | 2
— 3 —

1. 崛江商場 2.3. 崛江商場由多條商店街組成

174

高雄市歷史博物館

　　光看到「高雄市歷史博物館」經典的外觀，大概也猜想得到這是一棟來歷不凡的建築。前身是高雄市政府廳舍，更早之前則是高雄市役所第二代官廳，於 1939 年（昭和 14 年）落成，取代原本位於哈瑪星鼓波路的第一代市役所，是一棟帶有濃厚意識型態的日本「帝冠式樣」建築。稍晚落成的高雄車站也採用相同的建築型式，都有個日本傳統大屋頂，兼容東西方元素的柱頭及裝飾。氣派的立面，中央主體遠看就像一個「高」字，屋瓦為墨綠色，窗戶周圍牆面以各種精巧圖案裝飾，堪稱日本帝國主義顛峰時期的代表之作。

　　從門廊進入，映入眼簾的是中央對稱的 Y 字型大理石樓梯，讓人直接聯想到《半澤直樹》劇中經常出現的東京中央銀行總行畫面，展現一種權威的象徵，這在「舊石川縣政廳」也能看到類似的建築語彙，不過較晚落成的高雄市役所似乎更有氣勢。挑高天井可引進自然光，柱頭刻有金色紋飾，是一大鑑賞重點，拱形迴廊往兩側延伸，一樓規劃成 4 個特展室，2 樓有兩間大型展覽廳，館方定期規劃精彩並饒富地方特色的展覽。

1	2
3	4

1. 高雄市歷史博物館在日治時期是高雄市役所 2. 中央主體像一個「高」字 3. 大廳氣派的 Y 字型樓梯 4. 柱頭紋飾融合東西方建築風格

1 | 2 / 3　1. 大高雄歷史常設展 2. 重現二二八事件歷史場景的模型
3. 二二八和平紀念公園

　　配合高雄誕生 100 年，1 樓東側策劃「大高雄歷史常設展」，以沉浸式環景劇場影片介紹高雄從史前到當代的歷史，並利用 VR 帶領參觀者融入歷史現場，非常精彩。2 樓靠近戶外平台的空間則是二二八事件常設展，因為這裡是 1947 年高雄二二八事件政府軍隊開始武力鎮壓的第一現場，展場內擺設一組舊高雄市政府的模型，透過投影搭配影片，讓二二八事件的歷史場景再現。當影片開始播放時，起先有點類似電影《返校》的氛圍，但實際在此發生的血腥鎮壓遠比電影可怕太多，讓人不禁感到觸目驚心，藉此展覽可以了解二二八事件在高雄的始末，回顧歷史的傷痛，也才能讓我們更珍惜現在擁有的一切。

　　博物館正對面綠地是「二二八紀念和平公園」，石碑刻載事件的始末及 168 名可考的受難者姓名。原址是仁愛公園及高雄地下街，曾是高雄最熱鬧的觀光名所，然而 1988 年一場大火把地下街燒毀殆盡，讓這處曾經短暫風光的高雄名所永埋地底。

地圖　　　網站

🏠 高雄市鹽埕區中正四路 272 號
🚇 橘線 O2 鹽埕埔站 2 號出入口徒步約 10 分鐘
🕐 9:00 ～ 17:00
📅 週一
🌐 khm.org.tw/

愛河

　　二二八和平公園緊鄰著愛河，人行徒步區與自行車道規劃的平整舒適，很推薦在下午時分來此散步或是騎腳踏車。愛河從北高雄一路流經至此來到下游河段，已經接近出海口（高雄港），河面寬闊、景觀優美，河面上愛之船及貢多拉船穿梭巡航，是高雄的經典旅遊行程。

　　對岸棕色外牆的老字號國賓大飯店前方的「鰲躍龍翔」裝置，是 2001 年台灣燈會第一次移師台北以外舉辦時的元宵主燈，如今已成為愛河的地標之一。高雄在接連舉辦兩次台灣燈會累積經驗後，開始自行舉辦元宵燈會，如今已形成傳統，愛河兩岸的河東路及河西路是高雄燈會的固定場地，燈會舉辦期間也是一年之中最熱鬧的時候。愛之船售票處旁的「白色戀人貨櫃屋」，有著半開放式純白色系的浪漫空間，是時下熱門的打卡拍照景點。

🏠 高雄市前金區河西路（中正四路
　　到五福四路間路段）

🚇 橘線 O2 鹽埕埔站 2 號出入口徒
　　步約 10 分鐘

🕐 全天開放

地圖

1
2
3

1. 鰲躍龍翔是愛河的地標
2. 高雄市歷史博物館旁的愛河散步道
3. 白色戀人貨櫃屋

壽山動物園

　　「壽山動物園」成立於 1986 年，是高雄市民都熟悉的動物園，也是市內小學、幼稚園最佳的戶外教學場所。受限於山坡地型，園區發展受到限制，占地不像木柵動物園那般寬闊，動物的種類依然相當豐富，不但擁有全台少數的黑熊繁育經驗，在園內出生的非洲獅也以人工哺育的方式成長。

　　園內分成台灣原生、亞洲、非洲、美洲、靈長等區域，能看到孟加拉虎、白犀牛、大象、河馬、白老虎、美洲野牛等大型動物，還有模樣可愛的北美浣熊、狐獴、樹懶、梅花鹿，兒童牧場裡的波爾羊和迷你馬可接觸與餵食，是最受小朋友喜愛的一區。

```
1 | 2 | 3
4  |  5
```
1. 台灣黑熊 2. 非洲象 3. 非洲獅 4. 兒童牧場的波爾羊 5. 麝香豬

地圖　　網站

🏠 高雄市鼓山區萬壽路 350 號
🚇 橘線 O2 鹽埕埔站 4 號出入口轉搭 56 號公車，在壽山動物園站牌下車（週一休園停駛）
🕐 9:00 ～ 17:00
📅 週一
💲 全票 40 元，半票 20 元
🌐 zoo.kcg.gov.tw/

壽山登山步道

　　壽山南登山步道位於動物園入口外約 300 公尺處,是利用人數僅次於北柴山步道(龍泉寺旁)的一條登山路徑。這座高雄人最親近的山,每天有很多市民來登山健行,人數在週末會達到高峰,連帶也吸引小販擺攤。山上有完善的指標與木棧道,即便是新手也不成問題,當然也有險峻的路徑,取名「好漢坡」,是山友挑戰高山前鍛鍊體力的理想場域。

　　這座山舊稱柴山、打鼓山、鼓山、打狗山,1920 年改稱高雄山,1923 年 4 月昭和太子來台灣行啟(遊歷)時曾登山訪視,為了幫太子祝壽而改名壽山,戰後一度被改為萬壽山(幾年後又改回壽山),現在高雄人習慣以壽山或柴山稱呼。百萬年前這裡仍是淺水區域,後來岩層受到擠壓隆起,形成豐富的珊瑚礁石灰岩地型,半屏山、龜山及旗後山都是如此。沐浴在晨光下的壽山看似林木蔥鬱繁茂,然而 1873 年史蒂瑞搭船來到打狗時看到的景象卻不是如此,他寫道:「整座打狗山幾乎是光禿一片,僅山腳下碼頭附近的岩石旁有幾棵樹。」在清領期間,柴山的樹林已被漢人作為薪材之用而幾乎砍伐殆盡。

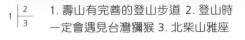

1 | 2
　| 3

1. 壽山有完善的登山步道 2. 登山時一定會遇見台灣獼猴 3. 北柴山雅座

　　進入日治，隨著第一期築港工程的進行與市區改正計畫提出，城市逐漸成形，考量到日後人民休憩的需求也會日增，於是引進歐美近代公園的概念，1908 年選定山與街區的交接地帶規劃「打狗公園」，並開始造林計畫，每年造林 30 甲。打狗公園在 1915 年啟用，位於壽山東南角一隅，範圍不大，卻對日後的壽山產生重大影響，1920 年首任高雄州知事富島元治上任，將整座山劃為森林公園，成了如今壽山自然國家風景區的濫觴。

　　開始造林 10 幾年後逐漸有了成果，從昭和太子登山訪視的舊照片，可以看出此時壽山的樹木已日益繁茂，這時高雄州更請來林學家本多靜六教授對「壽山紀念公園」提出完整的規劃，闢建 6 條探勝道路及多處展望台。山上有眾多寺院、神社、料亭，結合宗教信仰與休閒遊憩的多重功能，自此成為南部一大勝景，改變了過往將這座山視為資源任意取用的方式，況且以紀念太子的名義，更不可能隨意開發。後來進入戰時狀態，被視為戰略要地的壽山由南往北逐漸劃入要塞管制區，不再對外開放，加上戰後長期的軍事管制，山林獲得更多生息的機會，如今已成為高雄最佳的野生動植物基因庫。

 1. 七蔓站的風景
2. 七蔓站

上山沿途設有不少涼亭，從南登山步道上來的話，以「七蔓站」最有名，義工會在此煮茶，飲用水由熱心的義工們揹負上山，供大家享用。對一般人來說，不攜帶任何東西可能都已經會走到大汗淋漓、步履困憊，遑論還要負重攀爬。登山沿途常可見到義工揹著一桶20公斤（甚至更重）的水默默攀爬上山，過程並不輕鬆，不過義工們卻甘之如飴，壽山也發展出最饒富人情味的奉茶文化。從北側登山口的話，則以「雅座」最有人氣，可以眺望台灣海峽，同樣有義工悉心準備的奉茶。

海拔約300公尺的壽山由於長期受到軍事管制，生態豐富，喬木及蕨類繁多，是一座自然的寶庫。登山健行的過程一定會遇到柴山特產「台灣獼猴」，有時途中遇到一大批猴群在木棧道上閒晃，虎視眈眈尋找食物的模樣，讓人不免頭皮發麻。不過只要手中沒有食物，並且不去招惹牠們，人猴之間其實是可以和平共處的，主動餵食是最大禁忌，因為會改變獼猴的習性，也會造成日後更大的困擾。運氣好的話有時還能看到山羌，然而山羌生性膽小，往往匆匆一瞥就逃離無蹤。

如同高雄後花園的壽山有著完善的步道，大抵是相當安全的登山場域，不過在主棧道外還有很多錯綜的小徑，如果不熟悉山況建議還是不要隨意嘗試，以免因迷路而發生意外。

地圖　　　網站

🚇 橘線 O2 鹽埕埔站 4 號出入口轉搭 56 號公車，在壽山登山口站牌下車（南壽山登山步道）

🕐 建議白天前來

🌐 nnp.cpami.gov.tw/

鼓山洞

　　壽山除了是高雄人最親近的山，在日治時期亦扮演著重要軍事要塞的角色，直到今天依然有軍隊駐守，山上的雷達站即為南台灣情監偵要地。當時日本人在山裡挖掘許多防空洞與軍用隧道群，位在五福四路壽山山腳下的「鼓山洞」就是其中一條，隱蔽在珊瑚礁岩與樹林間，即便我曾在山上服役，並從洞口旁的石階上下營區多次，卻從未察覺藏有一處如此特別的空間。

　　日治時期鼓山洞前方一帶是山下町，附近有第一代火車站「打狗臨時停車場」與「高雄州廳」，還有高雄第一座戲院「打狗座」（1909 年），可容納 500 人。從捷運站步行前來，鼓山洞就位在通往山上「法興禪寺」階梯的右側，一棵老樹旁有個建在珊瑚岩邊坡上的水泥建築，乍看之下有如蓋到一半廢棄的工地，真正的用途是防空洞附屬的機槍堡，可用來守護山洞。

1. 鼓山洞前的厚重防爆牆 2. 鼓山洞 3. 陡峭的階梯表面已完全被鐘乳石包覆

　　在專業的導覽人員帶領之下，先經過一道厚實的水泥牆，是二戰期間在洞口增設的防爆牆，以因應美軍的空襲。進入洞內，潮濕的空氣撲鼻而來，筆直的坑洞、略顯昏暗的燈光，地板上有從牆壁滲入的水以極為緩慢的速度流動著，由於塵封已久，已經鐘乳石化並形成美麗的波紋，是參觀時的一大驚喜。靠近洞口處以一塊塊保麗龍仔細包覆，搭配藍色鐵門並寫著偵訊室的小房間，透露出不尋常的氣息。鼓山洞在戰後由「南區警備總部」接手，藍色是當時警備總部所使用的代表色，根據資料推測，這處防空洞曾被南區警備總部用來審訊拷問所謂的政治犯，歷經 228 事件、白色恐怖及美麗島事件，保麗龍可以吸收聲音不致傳到外面，這些遺留下來物品的背後，可能都藏著一段段讓人不忍卒睹的過往。

　　鼓山洞建於 1939 年，由當時的鐵道部興建，總長約 200 公尺，最多可同時容納 800 人躲避空襲。在中心部有一座約 5 樓高陡峭的階梯，表面完全已被鐘乳石所包覆。雨水、地下水流經喀斯特地形的壽山，在洞內許多地方都已形成漂亮的鐘乳石，並持續結晶中，是鼓山洞一大珍貴的自然遺產，所以導覽員請大家不要去碰觸，並盡量走在中間，讓鐘乳石可以繼續生長。洞內還展示許多日治時代的老照片，搭配來看可以對打狗的歷史有更深刻的認識。

1 | 2 | 3　1. 警總時代曾作為偵訊室
2. 閒置多時的洞內形成多處的鐘乳石 3. 地面順著水流波紋形成的鐘乳石

地圖　　網站

🏠 高雄市鼓山區鼓山一路 53 巷 111 號

🚇 捷運 O1 西子灣站 2 號出入口，沿鼓山一路方向行走，徒步約 10 分鐘

🕐 10:00 ～ 16:50，每天 5 梯次導覽（需事先預約）

📅 週一～三

🌐 facebook.com/GushanCaveGuide/

金馬賓館當代美術館

鼓山一路要上壽山的牌樓旁，一棟平穩對稱格局的軍方建築，是 1967 年由軍人之友社興建後捐贈國防部的「金馬賓館」，作為抽中金馬獎即將前往前線服役役男報到，或是往返外島官兵暫時住宿的地方。1998 年軍方撤離，閒置了 20 年，在建築師及藝術團隊悉心打造之下，搖身一變，已成為一座都市的藝術公共空間。

建築師補強結構後保留既有建築，從入口、庭園到進入展間，光影隨著樹木與長廊的抿石子護欄律動，第一眼就讓人留下好印象，很難想像這裡曾是「一切為前線、一切為勝利」的軍方設施。展示空間共有三個樓層，一樓的「過渡」、「科林斯運河」及「檔案」三個常設展，特意營造昏暗空間，讓人體驗關於天光的冥想與高雄港的聲音。館方自開館以來所企劃的展覽好評不斷，作家謝哲青説：「金馬賓館梳理策展脈絡的豐富故事性，如同一本好書，值得細細閱讀感受。」旅遊網站 Lonely Planet 也給予「Top choice museum in Kaohsiung」（高雄美術館首選）的好評價。

金馬賓館後方傍著濃綠的壽山，館方除了引入山景，並在 3 樓保留一個空間，讓壽山也成為一幅藝術作品。位在 2 樓的餐廳也設計的猶如美術館，空間寬敞舒適，可在此享用美味的餐點。

1 / 2 / 3

1. 金馬賓館當代美術館 2. 軍事設施改造成現代美術館 3. 窗外的壽山公園融合成美術館一景

地圖

網站

🏠 高雄市鼓山區鼓山一路 111 號

🚇 捷運 O1 西子灣站 2 號出入口，沿鼓山一路方向行走，徒步約 9 分鐘，輕軌 C15 站徒步約 2 分鐘

🕐 10:00 ～ 18:00

📅 週一

💲 250 元，6 ～ 12 歲及 65 歲以上 150 元，門票能全額抵用餐廳消費

🌐 www.alien.com.tw/

食info

高雄阿婆仔冰
鹽埕區最有歷史的古早味冰店

🏠 高雄市鹽埕區七賢三路 150 號 🚇 捷運 O2 鹽埕埔站 2 號出入口徒步 6 分鐘 🕐 10:00 ～ 24:00
👍 阿婆冰、番茄切盤

地圖

地圖

網站

香茗茶行
能喝出茶葉風味的在地老字號茶行

🏠 高雄市鹽埕區五福四路 264 號 🚇 捷運 O2 鹽埕埔站 4 號出入口徒步約 4 分鐘 🕐 9:00 ～ 21:00(週日 10:00 ～ 21:00) 👍 招牌鮮奶茶、烏龍茶

虱目魚專賣店
當地人都熟悉的庶民美食

🏠 高雄市鹽埕區新興街 77 號 🚇 捷運 O2 鹽埕埔站 4 號出入口徒步 5 分鐘 🕐 8:00 ～ 20:00
👍 乾煎虱目魚肚、肉燥飯、虱目魚粥

地圖

郭家肉粽
傳承三代手藝的 70 年粽子老店

🏠 高雄市鹽埕區北斗街 19 號 🚇 捷運 O2 鹽埕埔站 2 號出入口徒步約 13 分鐘 🕐 7:00 ～ 23:00 👍 花生粽、碗粿

地圖

網站

O4 市議會（舊址）站
City Council (Former Site) Station

　　高雄捷運橘線在 2008 年 9 月通車，當時縣市尚未合併，高雄市議會就設在 O4 市議會站 1 號出入口外，雖然有些地方民眾希望能以行政區「前金」為名，但市議會畢竟是重要公署，大家也還能接受。然而 2010 年底高雄縣市合併，市議會隨即遷徙到位在鳳山的原高雄縣議會，這下可尷尬了，當初命名的標的物搬家，想改名卻又共識難求且所費不貲，只好在站名後方加上「舊址」二字來因應，也成了市議會站旁沒有市議會的有趣狀況。

出口1

出口4

出口3

出口2

出口 ① 興隆居、立德棒球場

出口 ② 勞工博物館、愛河

興隆居

立德棒球場

O4市議會（舊址）站

勞工博物館

愛河

勞工博物館

前金區原本就是高雄行政文教的大本營，捷運站附近以公家機關、銀行居多，包括位於愛河左岸的高雄地方法院，原址是「高雄州廳」，於 1931 年（昭和 6 年）落成，為二層磚造、羅馬式主軸對稱的建築，二戰時曾遭美軍轟炸，戰後經過整修改為地方法院，於 1988 年拆除重建，是台灣五大州廳中唯一沒有保存下來的廳舍。

從 2 號出入口出站，沿著中正四路往西直走約 7 分鐘就能抵達愛河，途中會看到人行道旁一座大型勞工塑像，是全台唯一的「勞工博物館」，以保存台灣的勞動文化價值為設館目標。主要展覽空間位在 3 ～ 4 樓，「造船工業發展與高雄勞動者的互動關係」的常設展，介紹高雄從過往的拆船王國到成熟的造船產業，當中參與勞動者的辛勞與技術價值。「勞工運動」常設展以工運的發展，帶領大家正視勞權關係。

擁有悠久歷史的「立德棒球場」距離勞工博物館約 5 分鐘的步行距離，直到 2005 年都仍有中華職棒例行賽在此舉行，是交通條件非常優異的一座棒球場。

🏠 高雄市前金區中正四路
　　261 號 3 樓
🚆 捷運 O4 市議會站 2 號
　　出入口徒步約 5 分鐘
🕐 9:00 ～ 17:00
📅 週日
🌐 kml.kcg.gov.tw/

地圖　　　　　網站

食info

興隆居
高雄首屈一指的傳統早餐老店
🏠 高雄市前金區六合二路 186 號
🚆 捷運 O4 市議會站 1 號出入口徒步約 2 分鐘 🕐 4:00 ～ 11:00 📅 週一 👍 燒餅蔥蛋油條、湯包

地圖

O7 文化中心站
Cultural Center Station

　文化中心站位於文教區，附近有五福國中、文化中心及高雄師範大學，捷運站 4 號出入口也如同紅線三多商圈站，與百貨公司能直接連通。可惜的是，仿 1980 年代南霸天大統百貨外觀設計的和平店，雖有交通上的優勢，卻無法找回過去的榮光，面對南、北高雄各大百貨公司的夾擊節節敗退，目前處於半歇業狀態。

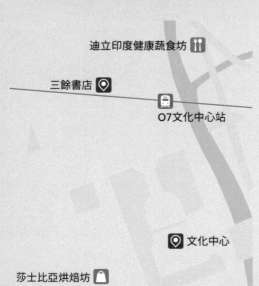

迪立印度健康蔬食坊 🍴

三餘書店 📍

🚌 O7文化中心站

📍 文化中心

莎士比亞烘焙坊 🛍

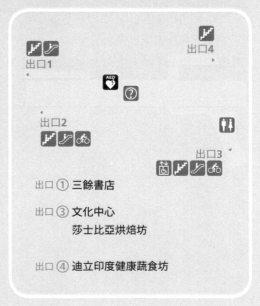

出口① 三餘書店

出口③ 文化中心
　　　 莎士比亞烘焙坊

出口④ 迪立印度健康蔬食坊

文化中心

　　緊鄰高雄師範大學的「高雄市文化中心」，是高雄市較早完成的文化場地，有寬闊的戶外廣場和綠地，以及一棟多用途的主建築，終年都有各種文化藝術展演。其中至德堂、至善廳為表演藝術場地，至真堂是主要的靜態展覽場，市民創作者莫不以作品能在文化中心展出為榮。每個週末固定舉辦的文化中心藝術市集，攤位內容豐富，包括花藝、皮件、金工、玻璃、拼布、木雕等，吸引許多人前來逛街尋寶，長年下來已形成一大特色。

地圖

🏠 高雄市苓雅區五福一路 67 號

🚇 捷運 O7 文化中心站 3 號出入口徒步約 3 分鐘

🕐 戶外空間 24 小時開放，至真堂 10:30 ～ 17:30，週五～六至 20:00

📅 週一及佈展日（至真堂）

三餘書店

位在捷運站附近一棟尋常的老公寓裡，隱藏著一間以人文閱讀、生活創意與藝術表演為主軸的獨立書店，在車水馬龍的中正路上，一不小心就會錯過低調的招牌與門面，內斂的外表，裡面其實蘊藏著豐沛的藝文能量。

第一次造訪時從門口錯過了 2 次才順利找到，書店刻意不開放前面的門，要先經過庭院才能進入店內。複合經營的空間，一樓是書店，以詩、文學、歷史、社會科學、與高雄有關的書籍為主，特別是一般書店甚少陳列的詩集、獨立刊物都蒐羅得相當齊全。在文化事業經營不易的時代，經營書店需要一些理想和勇氣，三餘賣這些小眾詩集刊物擺明不會賺錢，卻已經爭取到許多在地讀者的認同，成為高雄最迷人的書店風景。

🏠 高雄市苓雅區中正二路 214 號

🚇 捷運 O7 文化中心站 1 號出入口徒步約 30 秒

🕐 13:30 ～ 21:00，週五～日至 22:00

📅 週二

🌐 www.takaobooks.tw/

地圖　　　　　網站

除了一、二樓的書店，地下室有展覽空間，三樓則作為聚會、講座之用，三餘幾乎每個假日都用心準備不同類型的豐富藝文活動，包括講座、音樂、電影、新書發表、讀書會，對於閱讀推廣與文化扎根可說不遺餘力，儼然已成為書蟲來到高雄時必定要朝聖的文化地標。

食.info

迪立印度健康蔬食坊

使用在地有機食材口味道地的印度咖哩

🏠 高雄市苓雅區中正二路 56 巷 33 弄 2 號
🚇 捷運 O7 文化中心站 4 號出入口徒步 4 分鐘
🕐 11:30 ～ 14:30、17:30 ～ 20:30　📅 週一、二
👍 綠咖哩、印度全麥烤餅

地圖

網站

行事紅心粉圓

每次來都要排隊的粉圓老店

🏠 高雄市苓雅區林泉街 4 號　🚇 捷運 O7 文化
中心站 3 號出入口徒步約 9 分鐘　🕐 8:30 ～
23:00　👍 紅心粉圓、仙草撞奶

地圖

 伴手禮推薦

莎士比亞烘焙坊

　　世界麵包大賽常勝軍麵包師傅王鵬傑開設的麵包店,「冠軍荔香草莓」獲得國家特色麵包試吃最高分,是一款風味十足的麵包。

地圖

網站

🏠 高雄市苓雅區光華一路 148-72 號
🚇 捷運 O7 文化中心站 3 號出入口
　　徒步約 12 分鐘
🕐 11:00 ～ 22:00

O8 五塊厝站
Wukuaicuo Station

　　五塊厝是高雄的舊聚落之一，捷運五塊厝站位於中正一路與福德路口，共有 6 個出入口。4 號出入口站外是五塊厝公園，裡面有台灣重要的企業家陳中和先生墓園，為市定古蹟，6 號出入口可前往當地著名的武廟。

高雄關帝廟 📍
武廟市場 📍

O8五塊厝站

出口 ⑥ 高雄關帝廟、武廟市場

高雄關帝廟

在高雄提到「武廟」，大家都知道指的是位在五塊厝的「高雄關帝廟」，建廟歷史悠久，參拜者眾。高聳的牌樓後方廟埕有赤兔馬和羅馬武士塑像，氣派的廟宇於 1979 年落成，1 樓財神殿供奉「五路財神」、「福、祿、壽三仙」、「四面佛」，2 樓大殿供奉一尊十八尺高的關聖帝君坐像，關平及周倉隨侍在側，關帝君紅面長鬍，手拿春秋撫鬍，生動威武。神桌亦供奉文倉帝君、倉頡帝君、魁星夫子，可祈求學運，廟裡的收驚補運儀式也非常有名，每天僅有兩個服務時段。

正殿後方是月老殿，有一定的參拜規矩，首先購買廟方提供的拜月老專用金紙和貢品，詳細填寫「祈求姻緣疏文」放在供桌，然後點香於月老前默禱，最後再將二條紅紗線過香爐，一條放置在枕頭內層，另一條與金紙於金爐同時焚化，據說相當靈驗。日本有一個旅遊網站以「能量場所」（パワースポット）來形容關帝廟，並介紹代表「緣結びの神」（結緣的神明）月老的參拜方式，吸引不少日本女性來這裡乞求好姻緣，因此廟方的官網還特別以日文來介紹月下老人。

農曆過年期間前來關帝廟參拜的人潮非常多，廟方會為信眾準備平安麵，有財神殿加持，廟前每間彩券行無不人聲鼎沸。不遠處的「武廟市場」為黃昏市場，早年因專賣早市剩餘貨品，俗稱「垃圾市仔」，幾年前整建後煥然一新，空間明亮，走道也變得更加寬敞。市場內超過二百個攤位，各式生鮮、蔬果、熟食一應俱全，陳記煎餃、山越久壽司、耀哥烤鴨、雙豪油飯攤等人氣攤位前採買的人潮不斷，是一處庶民美食的集散地。

1. 高雄關帝廟 2. 正殿的關聖帝君像 3. 武廟市場

🏠 高雄市苓雅區武廟路 52 號
🚇 捷運 O8 五塊厝站 6 號出入口徒步約 5 分鐘
🕐 6:00 ～ 22:00
🌐 www.kdm.org.tw/

地圖　　　網站

O10 衛武營站
Weiwuying Station

　　衛武營站原本只有 5 個出入口，配合衛武營國家藝術文化中心落成，增設第 6 號出入口。從長通道搭乘手扶梯出站，既像太空船、又像一條大鯨魚的巨大白色建築物就在眼前，讓人迫不及待想趕快走進裡面。6 號出入口設置後，民眾得以不用穿越車流洶湧的三多一路，就能直接連通到衛武營，也讓這個車站的出入口數量與五塊厝站並列橘線之冠。

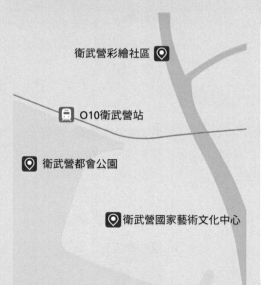

衛武營彩繪社區

O10衛武營站

衛武營都會公園

衛武營國家藝術文化中心

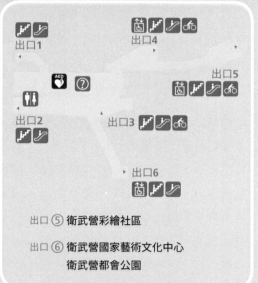

出口1

出口4

出口5

出口2

出口3

出口6

出口 ⑤ 衛武營彩繪社區

出口 ⑥ 衛武營國家藝術文化中心
　　　　衛武營都會公園

衛武營國家藝術文化中心

　　橘線由西往東串聯起駁二藝術特區、文化中心、大東藝術文化中心等設施,城市文化軸線的意象儼然成型,在全球最大單一屋頂劇院「衛武營國家藝術文化中心」落成後,終於完成最後一塊拼圖。

　　過去的「衛武營」如同其名,是個圍牆包圍、上方環繞著鐵絲網、入口有衛兵站哨的陸軍新兵訓練中心,戒備森嚴,只有在懇親日一般民眾才有機會進到營區。在南部,有難以計數的役男曾在這裡度過至少 2 個月的入伍訓,時間或許不長,但在汗水與淚水的交織下,是許多人難以忘懷的一段時光。

　　衛武營在 2003 年接完最後一批新兵後便開始進行大改造,西側的都會公園先行完成,東側的社教機構用地則透過競圖,評選出由荷蘭麥肯諾建築師事務所的建築師法蘭馨‧侯班(Francine Houben)所提之方案。由於量體龐大、工程難度極高,歷經 8 年的工期才完成這世界級的表演藝術場域,在 2018 年 10 月 13 日正式開幕。從軍事要地到宛如太空船的文化堡壘,巨大的反差,我想是所有曾在營區待過的人從沒料想過的轉變。

1	3
2	

1. 軍營營舍 2. 五百障礙設施
3. 衛武營國家藝術文化中心有開放的空間

　　台灣軍營的特色之一就是樹多，衛武營也不例外，因為歷史久遠，營區裡的大榕樹都枝繁葉茂。法蘭馨‧侯班來到這裡勘查後得到許多設計靈感，不規則曲面的白色屋頂將 4 個表演空間整合在一起，日光從天窗照入，類似從樹梢間灑入的陽光，屋頂就像一個從戶外大樹延伸過來的大樹冠，人們可以如同在榕樹下，悠閒自在地活動、發呆、乘涼。這些通透像是樹穴的空間，取名「榕樹廣場」，無論晴雨，每個人都能在沒有圍籬的開放空間找到一隅棲息之地。

　　獨特的外觀造型，衛武營國家藝術文化中心建築本身就猶如一件超大型藝術品，榮獲美國《時代雜誌》評選為 2019 年世界最佳參訪景點之一，屋頂下 4 個室內空間也各有特色。「歌劇院」規模為全台灣最大，舉凡戲劇、舞蹈、音樂都能在此演出；「音樂廳」為台灣唯一採葡萄園式座席設計，觀眾席環繞舞台，無論坐在哪個角落都能享受到幾乎相同的音樂品質，9,085 支音管更是目前全亞洲最大的音樂廳演奏用管風琴，由德國百年風琴廠承製，展現高超的工藝技術。「戲劇院」的突出式三面舞台設計，可拉近觀眾與演出者間的距離；「表演廳」像一個不對稱鞋盒，可作為室內樂、獨奏及小型表演類型使用。

1. 巨大的量體下是通透像是樹穴的空間 2. 音樂廳
3. 音樂廳有全亞洲最大的管風琴

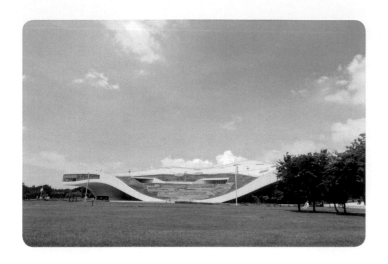

　與都會公園融合一體的「戶外劇場」，以曲面結構從地面延伸至屋頂，2018 年的開幕式「眾人的派對」即選在此演出，來到這裡即便不看表演也可以上到 3 樓的「樹冠大廳」，是商業設施，可通往戶外劇場平台的最高處。

　整個衛武營都會公園廣達 47 公頃，幅員廣大、枝葉扶疏，疫情期間成了最受民眾喜愛的休憩場所。中央有一座生態池，池邊保留營區的水塔改建成眺望哨，並留下集合場、三棟營舍及新兵最害怕的五百障礙部分設施，在這裡服役過的人看到應該很有感觸。不過其他地方樣貌變化實在太大，已經難以辨識往昔軍營的痕跡。公園南側打造成「共融遊戲場」，有一座大白沙池及豐富的兒童遊樂設施，是家長帶小朋友來放電的好地方。

1. 戶外劇場

2.3. 衛武營都會公園

地圖

網站

🏠 高雄市鳳山區三多一路 1 號

🚇 捷運 O10 衛武營站 6 號出入口直接連結

🕐 11:00 ～ 21:00

🌐 www.npac-weiwuying.org/

衛武營彩繪社區（衛武迷迷村）

從捷運站 5 號出入口上來，一旁是市區公車的重要大站「建軍站」，在公車民營化後將閒置的舊辦公廳舍活化為「建軍跨域藝術村」。後方一大片區域是台糖宿舍、衛武國宅，原本就是一般住宅區，2016 年舉辦「苓雅國際街頭藝術節」後，老舊的社區開始變的不太一樣。大片屋牆、電線桿、電箱等在國內外藝術家的巧手下，畫出各種天馬行空的想像，每個轉角都有不同的驚喜，又稱「衛武迷迷村」，屋齡 40 多年的老社區也因為彩繪而變得煥然一新。

靠近建軍站有一片大書牆，作品名稱是「歡迎到我的房間」，年輕的在地藝術家楊惟竹畫出房間裡的書籍、衣服、小盆栽，是最受歡迎的一景。面建軍路這側每棟側牆也都成了畫布，轉進行禮街和尚勇路有「海底世界」、「Sewing Corner」、「媽祖」、「生命如鏡」、「天空之門」等大幅創作，目前總共有百餘件作品。整個街頭就像是一處開放式美術館，是全台灣最大彩繪藝術社區，連街道家具也變成彩色筆、油漆刷、水彩顏料，建議就以輕鬆的心情，恣意的在巷弄裡亂走，會有更多的驚奇與發現。

1
―
2

1. 指標牌變成蠟筆
2. 歡迎到我的房間

1	2	3
4		5
		6

1. 荷蘭的藝術家 Levi Jacobs 的作品 2. 卡通人物 Jeliboo 表達獨特的身體意象 3. 何彥霖創作的羚羊 4. 回鄉文創作品 5.6. 隨意亂走也能發現驚喜

地圖　　　　網站

🚈 捷運 O10 衛武營站 5 號出入口外

🌐 reurl.cc/oLOgVM

O11 鳳山西（高雄市議會）站
Fongshan West (Kaohsiung City Council) Station

　　這座捷運站所在地位於鳳山區的西側，因此取名為鳳山西站，附近有原高雄縣政府及高雄縣議會，在縣市合併後，兩處公署分別改為鳳山行政中心和高雄市議會，因此現在捷運站名加註「市議會」，強調這裡才是議會的所在地。

澄清湖 📍

鳥松濕地公園 📍

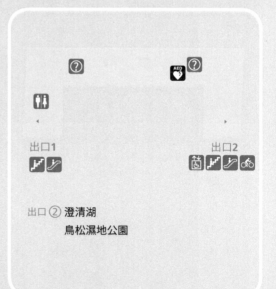

O11鳳山西（市議會）站

出口1

出口2

出口 ② 澄清湖
　　　　鳥松濕地公園

澄清湖

　　老一輩的人習慣稱為「大貝湖」的「澄清湖」，是高雄老字號風景區，2020 年正好成立屆滿 60 週年。澄清湖水域面積約 110 公頃，不但是高雄第一大湖，也是高雄重要的水源地。湖畔有一棟名為「澄清樓」的招待所，是蔣介石南巡時的行館，清幽的湖光景色深受他的喜愛，於是將大貝湖改名為澄清湖，早年曾是台灣三大特定風景區之一。

　　對高雄或是南部人來說，澄清湖就像老朋友般，陪伴許多人渡過人生不同的階段。小時候由老師帶領來九曲橋遠足，國高中公民訓練課程到這裡露營烤肉，上了大學要去班遊聯誼，澄清湖也總是會雀屏中選，不同時期的照片總有以澄清湖為背景的相片，並轉化為記憶的一部分。在縣市合併後，原本只限鳥松居民免費入園的措施，擴大到所有設籍在高雄的市民，澄清湖也成了眾人平時最佳的休憩場所。

　　從牌樓狀的觀光大門入內，前方兩棟古色古香建築是遊客中心，往右走可以到「海洋珍奇園」及澄清樓，往左走不遠就是最富特色的「九曲橋」，仿上海城隍廟的橋樑型式而建，夜晚湖面映照月光，形成「曲橋吊月」，名列澄清湖八景之一。湖畔的散步道綠樹成蔭，搭配嶙峋湖光景緻，每天都有許多市民前來休閒運動，湖邊的烤肉區在假日時相當受歡迎，常有團體租用。

1 | 2　1. 澄清湖是高雄重要水源 2. 九曲橋

1 | 2　1. 辰子飛翔像與中興塔 2. 中興塔

　　澄清湖與日本秋田縣的田澤湖締結為姊妹湖，日方送了一尊「辰子飛翔像」立在湖畔，與後方中興塔遙相呼應。中興塔位在地勢最高的地方，建於 1960 年，七層樓高、共 338 級雙層迴旋樓梯，對腿力是一大考驗，不過登高可飽覽風景區全景。澄清湖成立時正值中華文化與反共最盛期，建築不但都帶著濃濃中國風味，介紹文也很能展現當年的時代氛圍，像是中興塔就寫著：「西望台灣海峽，…對岸山河隱約可見，惟念及錦繡大陸，遭匪竊據不禁義憤填胸，切望王師西進，早日光復神州，復興中華。」如今這些文字也為時代的變遷留下見證。

地圖　　　網站

🏠 高雄市鳥松區大埤路 32 號

🚇 捷運 O11 捷運鳳山西站 2 號出入口轉橘 12 公車，在澄清湖站牌下車

🕐 4 ～ 9 月 6:00 ～ 18:00、10 ～ 3 月 6:00 ～ 17:30

📅 週一

💲 100 元，65 歲以上、6 ～ 12 歲 50 元，高雄市民持身分證免費

🌐 chengcinglake.water.gov.tw/

鳥松濕地公園

在澄清湖大門口左前方尚有一片自然生態豐富的「鳥松濕地公園」，前身是自來水廠的沉砂池，由於長年都有豐富水源，吸引鳥類棲息，於是改造成濕地公園，目前由高雄市野鳥學會認養經營，積極推動環境保育及生態導覽。

這處台灣第一座人工濕地公園佔地雖然不大，不過沼澤、池塘、水生植物、草叢、灌木、常綠喬木等一應俱全。池塘上各式浮葉植物成了紅冠水雞、黃小鷺、栗小鷺等鳥類覓食的最佳環境；樹林裡有綠繡眼、翠鳥、五色鳥棲息，共有多達 28 種較常出現的鳥類，經常吸引愛鳥人士前來守候拍攝。兼具生態保育與滯洪功能，鳥松濕地公園的設立也多少彌補了「小貝湖」被填平的缺憾，順著一旁的大埤路直行，不遠處就是「澄清湖棒球場」。

1
—
2

1. 紅冠水雞雛鳥 2. 鳥松濕地公園兼具生態保育與滯洪功能

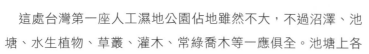

地圖　　　網站

🏠 高雄市鳥松區大碑路（澄清湖大門口東側）
🚇 捷運 O11 捷運鳳山西站 2 號出入口轉橘 12 公車，
　　在澄清湖站牌下車
🕐 全天開放
🌐 www.kwbs.org.tw/wetland/

O12 鳳山站
Fongshan Station

　　捷運鳳山站在鳳山的鬧區，位於清代鳳山新城內，附近有兩座砲台，以及諸多以道光年間鳳山知縣曹公為名的設施，是鳳山歷史散步的最佳起點。這座車站與台鐵鳳山車站同名，然而兩個車站相距逾 700 公尺，轉乘並沒有想像中便利。

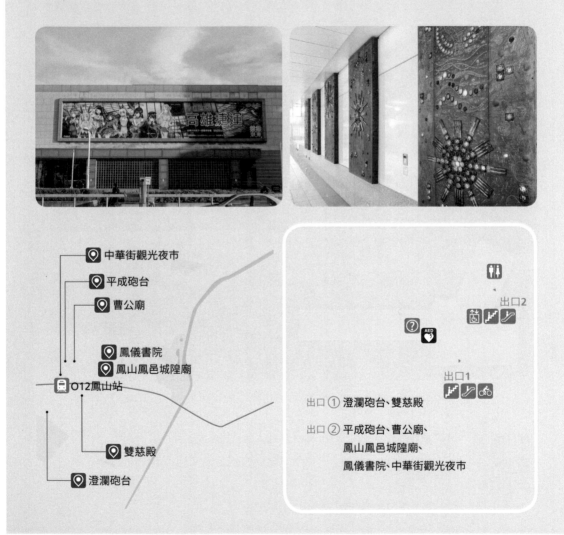

中華街觀光夜市
平成砲台
曹公廟
鳳儀書院
鳳山鳳邑城隍廟
O12鳳山站
雙慈殿
澄瀾砲台

出口1
出口2

出口 ① 澄瀾砲台、雙慈殿
出口 ② 平成砲台、曹公廟、
　　　　鳳山鳳邑城隍廟、
　　　　鳳儀書院、中華街觀光夜市

$\dfrac{1\ \ |\ \ 2}{3\ \ |\ \ 4}$　1.「郡南第一關」北門城門額現藏於高雄市立歷史博物館 2. 雙慈殿
3. 三民路是家具街及佛具街 4. 打鐵街僅存的幾間打鐵店

鳳山新城

　　舊稱「下埤頭」的鳳山發展甚早，由於位處通往「阿猴」（屏東）的交通要道，在康熙末年就有熱鬧的街市。到了乾隆中期，已形成四條主要街道，呈現 L 型的幹道（約是現在的中正路與三民路），兩旁店家林立、商業活絡。

　　位在三民路最西端的是城內歷史最悠久的「雙慈殿」，併祀觀世音菩薩與天上聖母，前面的道路於是被稱為「大廟口街」，旁邊有菜市、柴市、魚市、鴨市。往東延伸過去是「草店頭街」，縣署從舊城遷來下埤頭後，雙慈殿附近的市街也變得更加熱鬧。三民路在戰後形成家具街、佛具街，三民路尾端靠近鳳山溪是打鐵街，農業時代會使用的農具都能在此買到，在這條清朝就發展出的古街道逡巡一圈，依然不難想像過往的繁盛。

　　乾隆 51 年（1786 年），林爽文盟軍莊大田攻陷左營土城後，官員眷屬逃離縣城，鳳山縣治也正式遷移到下埤頭，並用莉竹築起鳳山新城，形狀像一隻靴子，和台灣其他圓型城池大異其趣，朝廷也派福建南路營守備駐紮在今衛武營一帶。為了應付頻繁的民變，於嘉慶 9 年（1804 年）加建六座城門以增加防禦，包括東西南北四大城門，以及「東便門」、「外北門」，其中外北門又稱為「郡南第一關」，昭示外北門城防的重要性。

不過這樣的防禦工事仍無法抵擋大動亂。嘉慶 10 年（1805 年）海盜蔡牽來襲，郡南第一關失守，吳淮泗攻進城內，知縣吳兆麟陣亡，新城被占領長達八十多天，幸賴援軍抵達才得以收復城池。然而經此戰亂摧殘，新城也變得殘破不堪，有官員力主再回到有龜、蛇兩山屏障的舊城興隆庄，才能永保安寧，爭論許久，嘉慶皇帝最後拍板將縣治遷回左營舊城。後來左營堅固的石城雖然蓋好了，官員和百姓卻不願捨棄生活機能遠勝舊城的下埤頭街，遲遲不願遷入，形成縣治名義上在興隆庄、實際卻仍在下埤頭運作的奇怪現象，直到道光 23 年（1843 年），道光皇帝也不得不同意把縣治遷回下埤頭，鳳山雙城記才宣告落幕。

砲台與曹公廟

來到鳳山，「曹公」二字好像無所不在，許多設施都以此為名。曹公是對鳳山有諸多貢獻的知縣曹謹（1787～1849 年）的尊稱，他於道光 17 年（1837 年）奉派擔任鳳山知縣，任內勤政愛民，引下淡水溪（高屏溪）豐沛水源，修築水圳44條，取名「五里圳」，3 萬多畝農田從此有了穩定的供水，後人改稱「曹公圳」來紀念曹謹。為了強化鳳山新城的防禦能力，曹謹還在城門上方加建城樓，另外又增建六座砲台、浚渫護城河，目前有三座砲台（平成、澄瀾、訓風）尚保存著。

1. 曹公廟
2. 平成砲台
3. 澄瀾砲台

從捷運鳳山站 2 號出口出來，站外是鳳山美食集散地「中華街觀光夜市」，店家後方一條小水道是新城的內壕溝，水源引自於曹公圳，順著直走，一座咾咕石和卵石築成像是城門的建築是「平成砲台」，是距離捷運站最近的一座。登上砲台，一旁的廟宇寫著「曹公廟」，祭拜知縣曹謹，原本是曹公祠，規模較小，日本總督府第四任台灣總督兒玉源太郎巡視鳳山後感念曹謹功績，親自捐錢並倡建新曹公祠，成為今曹公廟。這間廟就位於「曹公路」上，正對面是清朝鳳山縣署所在地，現為「曹公國小」，大門內一棵茂盛的大樹據說是曹謹手植，稱為「曹公樹」。

「澄瀾砲台」則位在距離捷運 1 號出入口約 3 百公尺處，有別於平成砲台的方正，這座縣城西南隅的砲台呈不規則八角形，順應當時的地形來設計，不同的造型也增添許多鑑賞的樂趣。

鳳山鳳邑城隍廟

從曹公路轉進曹公國小旁的鳳明街，這一帶在清朝是文官建築匯集之地，包括縣署、典史署、城隍廟及書院。

「鳳山鳳邑城隍廟」主祀鳳山縣城隍顯佑伯，是城池的守護神，外觀與當時雖已有不小差異，不變的是香火依然鼎盛。進入廟內，上方高懸的匾額寫著「爾來了」，加上一個大算盤，147 顆算珠就像是要精算人一生的功過與善惡，廟中對聯出自卓肇昌，寫著：「為善必昌；為善不昌，祖宗必有餘殃；殃盡必昌。作惡必亡；作惡不亡，祖宗必有餘德；德盡必亡。」卓肇昌是清代鳳山縣的重要文人，在乾隆 15 年（1750 年）考取舉人，曾擔任《重修鳳山縣志》「參閱」一職，地方上流傳許多關於他的故事，最出名的莫過於他死後赴任梓官城隍的傳說，至今仍為民間所津津樂道。

1
—
2

1. 鳳山鳳邑城隍廟
2. 「爾來了」匾額及大算盤

鳳儀書院

清代鳳山縣最早的書院是位於興隆庄舊城的「屏山書院」，在林爽文事件（1786年）中隨著舊城陷落而毀壞，縣城隨後也遷移至下埤頭。嘉慶19年（1814年）吳性誠出任鳳山知縣，熱愛辦學的他為了提振文風，發起捐款捐地來興建書院，以培育地方人才兼作歲科童試場所。這時鳳山縣已將近30年

沒有書院，這項提議很快就獲得迴響，紳民踴躍捐輸，由貢生張廷欽負責執行，於道光3年（1823年）建成，取名「鳳儀」，具「有鳳來儀」的意涵。後經幾任知縣和士紳支持陸續擴建，至日本治台前，已成全台規模最大的書院。

進入日治時期，由於總督府大力推廣新式教育體制，書院日漸沒落，屋舍逐漸殘破，已不復往日光景。1985年內政部雖早早就指定書院為古蹟，內部被租佔戶占用卻遲遲無法解決。之後文化局取得產權並斥資修復鳳儀書院，歷時長達10年，於2014年對外開放，鳳儀書院一躍成了高雄最熱門的古蹟景點。

1	
2	3
4	5

1. 鳳儀書院的頭門 2. 武舉考試 3. 重現曹謹前往書院視導的情形
4. 樑架的木工和瓜筒是欣賞鳳儀書院建築的重點 5. 講堂

　　購票後進入裡面第一個看到的建築稱為「頭門」，是進入鳳儀書院的門面，經整修後將原貌復原，屬泉州式建築，是乾隆、嘉慶年間流行的風格，樑架的木工精巧，瓜筒和祥龍鳳舞雕飾依然完整保留著歷經 200 年歲月的原物件，是珍貴的歷史文物。頭門前面擺放的幾尊公仔，重現曹謹前往書院視導的情形，前頭有人高舉迴避、肅靜牌，專人鳴鑼開道，出巡的隊伍有師爺隨行，以恭敬姿態迎接縣老爺的人就是負責書院營運的山長。這些點綴書院的活靈活現公仔，也成了參觀民眾最愛的合影對象。

　　入口左手邊原本有 9 間義倉，可於災荒之年對百姓施以救濟，現僅存紅磚圍牆遺跡。從頭門進入。頭門後方第二排建築是「講堂」及左右學舍，講堂裡夫子上課有的學生認真，有的猛打瞌睡，前方庭院還重現清代武科科舉童試的外場，依序要考馬箭、步箭及技勇（拉硬弓、舞刀及掇石）。武舉考試的舉重石重達 200 斤，要能舉離地 30 公分才算合格，關刀也非常重，考試過程並不輕鬆，合格後才有考內場的機會。

　　最後一棟為「廳事」，廳中原本就是祭拜文昌帝君的地方，後來將空間轉為他用，文化局藉由此次修復，恢復原來用途，分香自台南孔廟的文昌祠，廳內擺設國寶級傳統藝師葉經義所雕刻的魁星像。一旁靜態展介紹清朝的科舉制度、殿試金榜、出自鳳山縣的科舉人物，以及科舉必用上的八股文。來一趟鳳儀書院，透過生動的設計與實物展示，想必會對這項從隋朝開始、總共施行長達 1,300 多年的科舉制度有深刻的認識。

1. 鳳山牛墟市集群像

2. 廳事祭拜文昌帝君

地圖

網站

🏠 高雄市鳳山區鳳明街 62 號

🚈 捷運 O12 鳳山站 2 號出入口徒步約 6 分鐘

🕐 10:30 ～ 17:30

🗓 週一

💲 66 元，6 歲以下 65 歲以上 25 元（高雄市民平日免費，例假日 39 元）

🌐 fongyiacademy.khcc.gov.tw/

O13 大東站
Dadong Station

　　鳳山是高雄人口最多的行政區，舊城區建築密集度高、馬路狹小，捷運大東站為了配合路幅限制，以疊式月台設計，東西向路線分別位在不同樓層，月台呈現明顯的彎曲幅度，是高雄捷運相當特殊的一站。1號出入口外設有鳳山轉運站，有十餘條公車路線停靠。

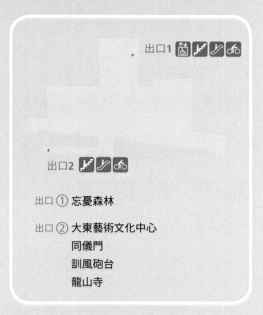

出口1 🚻♿📶🚶🚲

出口2 🚶🚶🚲

出口 ① 忘憂森林

出口 ② 大東藝術文化中心
　　　　同儀門
　　　　訓風砲台
　　　　龍山寺

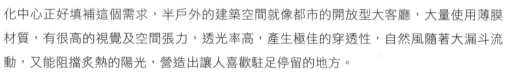

1. 大東藝術文化中心
2. 薄膜材質有很高的視覺及空間張力 3. 藝術圖書館 4. 夜間的七彩燈光

大東藝術文化中心

從 2 號出入口一出站，必定會對如同大天燈的建築感到眼睛為之一亮，這裡是「大東藝術文化中心」，一處結合演藝廳、展覽館、圖書館的多功能文化園區。

鳳山在縣市合併前雖然是高雄縣的行政中心，卻缺乏藝文展演場地，只有一處國父紀念館兼作縣立文化中心。大東藝術文化中心正好填補這個需求，半戶外的建築空間就像都市的開放型大客廳，大量使用薄膜材質，有很高的視覺及空間張力，透光率高，產生極佳的穿透性，自然風隨著大漏斗流動，又能阻擋炎熱的陽光，營造出讓人喜歡駐足停留的地方。

與氣勢恢宏的衛武營國家藝術文化中心相比，這裡規模顯得小巧迷你，但人氣卻不差，特別是台灣公共圖書館中首創的藝術專業圖書館，以 12 大類別的藝術圖書為主，空間優雅沉穩，讓人每隔一段時間就想到館內享受閱讀時光。入夜之後，大漏斗會打出七彩燈光，為鳳山街頭增添浪漫的氣氛。

地圖　　網站

🏠 高雄市鳳山區光遠路 161 號
🚇 捷運 O13 大東站 2 號出入口直接連結
🕐 室外 24 小時開放，藝術圖書館 10:00 ～ 21:00，週日至 17:00
🎞 週一
🌐 dadongcenter.khcc.gov.tw/

忘憂森林

捷運大東站周邊在清朝是一處名為「柴頭埤」的水域，面積略小於蓮池潭，後來因為開發，是一處已然消失的埤塘，僅在大東藝術文化中心對面的「大東濕地公園」，還隱約留著埤塘的痕跡。公園裡樹林茂密，高聳的大樹被木棧板環繞轟立在生態水池，水面映照出盎然綠意，博得高雄版「忘憂森林」的美譽，成了一處很有人氣的拍照景點。

🚇 捷運 O13 大東站 1 號出入口徒步約 1 分鐘

🕐 全天開放

地圖

同儀門

　大東藝術文化中心的藝術圖書館旁有個綠地小坡，旁邊的水道便是鳳山溪，可沿著規劃完善的步道往南直走，不遠的前方一座古城門，是鳳山知縣吳兆麟在嘉慶 9 年 (1804 年) 建造六座城門之一的小東門，又稱「東便門」。

　城門面外的門額寫著「同儀門」，外牆由咾咕石築成，曹謹在上方增建的城樓已毀壞不復見，旁邊有座小小的土地公廟，專門庇護這個城門。同儀門建成至今已經有超過 2 百年的歷史，城門下民眾依然每天進出穿梭，和清代沒什麼兩樣，只是從牛車換成了機車，是一座活的古蹟；城外的「東便橋」原本是座六角型橋墩的石橋，可惜被潭美颱風的洪水沖壞，橋墩現保存在 50 公尺外，遠看有點像朱銘的雕刻藝術作品。

1. 同儀門與土地公廟
2. 保留下來的舊東便橋橋墩

地圖

🏠 高雄市鳳山區三民路 44 巷
🚇 捷運 O13 大東站 2 號出入口徒步約 8 分鐘
🕐 全天開放

訓風砲台

　　從東便橋橋墩右轉中山路，龍山寺就在左前方，如繼續沿著鳳山溪旁直走，就能看到「訓風砲台」，位處鳳山新城的東南隅，正好是城牆轉彎處，砲台也以圓弧形式建置，訓風兩字旁邊還以泥塑之卷軸裝飾，是現存三砲台之中最典雅的一座。

地圖

🏠 高雄市鳳山區中山路 5 巷 8 號旁
🚇 捷運 O13 大東站 2 號出入口徒步約 10 分鐘
🕐 全天開放

213

1 | 2
  | 3

1. 龍山寺三川殿 2. 鳳山龍山寺
3. 寺內最古匾額寫著「南雲東照」

龍山寺

　　台灣在清領時期建了 5 間龍山寺，現存鹿港、萬華及鳳山三處，都有將近 300 年的歷史。「鳳山龍山寺」何時建成已不可考，推測建於康熙末年或乾隆初期，大約在 1735 到 1740 年之間，坐落在鳳山城的東門附近，與西門旁的雙慈殿遙遙相望。

　　這座龍山寺規模不大，不過正中央的三川殿、拜亭及正殿有許多台灣廟宇的經典設計。屋頂的剪黏精雕細琢，富有藝術價值，三川殿鏤空木窗乍看刻著數隻鶴，仔細一看，兩旁猶如圖像的雕刻，其實藏著一對對聯，寫著「靈通鳳彈，東門保泰；南海流芳，德普海疆。」說明這座寺的地理位置及奉祀神明，極具巧思。兩扇圓形木製透雕窗，四隻蝙蝠取其諧音「賜福」，搭配兩朵蓮花，有賜福連連的吉祥之意，門神是四大天王，分別手持青光劍、玉琵琶、珍珠傘、紫金龍，代表「風調雨順」。寺內也有重要文物，位於正殿寫著「南雲東照」是乾隆 25 年（1760 年）的古匾額，字跡已然有些模糊，卻更有老匾的韻味。

　　正殿主祀觀世音菩薩，平日參拜者眾，每年農曆二月十九日觀世音菩薩聖誕日、六月十九日得道日，以及九月十九日出家日是香火最盛的三大節日。正殿旁地藏王殿的改運收驚服務也相當出名，假日排隊人潮不斷。

地圖

網站

🏠 高雄市鳳山區中山路 7 號
🚇 捷運 O13 大東站 2 號出入口徒步約 10 分鐘
🕐 7:00 ～ 21:00
🌐 www.xn--detrka8617dgzc.tw/

台灣鳳梨工場

　　高雄除了是香蕉王國，在日治時期也是鳳梨罐頭的生產重鎮，銷往日本本土、朝鮮、美國與中國，於現今的大樹區曾經有多達 21 家鳳梨加工廠，賺進大筆資金。這項已消失許久的產業，在距離台鐵九曲堂車站不遠的「台灣鳳梨工場」，可以讓人重溫這段鳳梨罐頭的黃金歲月。

　　鳳梨其實是外來作物，原產於美洲，大樹的地理環境及氣候適合種植，在日治時期就是台灣重要的鳳梨產地。由於鳳梨工廠進入門檻不高，且九曲堂站有鐵路鳳山支線加持，具有運輸的優勢，加上東洋製罐株式會社在三塊厝設立「台灣製罐株式會社」，台灣的鳳梨工廠從此不需自行製罐或從日本進口，營運成本大幅降低，吸引民間爭相投資設廠。在全盛時期，九曲堂最多曾有 11 家工廠，為當地最重要的產業。戰後這項產業逐漸沒落，目前碩果僅存的台灣鳳梨工場是全台灣唯一保存下來的產業建物。

　　台灣鳳梨工場的前身是「泰芳商會」第三、四工場，目前保留下來的三棟洋樓式紅磚建築，最早作為辦公室及生產工廠，戰後一度作為國軍的汽車保修場，再改為「陸軍九曲新村」，成為軍方眷舍。眷村遷移後，缺乏維護的建築一度變成廢墟，經整修後才重現過往的樣貌，在修復的過程也保留著不同時期所遺留下來的使用痕跡。

1 | 2 　1. 台灣鳳梨工場 2. 台灣鳳梨工場現在是社區博物館

　　如今台灣鳳梨工場以社區博物館的型式呈現，介紹已被多數人遺忘的這段往事。入口A 棟是「大樹文史館」，中間 B 棟是「鳳梨產業展示館」，內部介紹鳳梨罐頭產業的發展，牆面展示過往的鳳梨罐頭標籤，在展示館裡還可以 DIY 為標籤上色，然後利用封罐機當場做一個獨一無二的存錢筒。C 棟是「旺來會社」，能品嘗鳳梨冰品和現烤鳳梨酥。庭園裡種植 14 種不同品種的鳳梨，包括外來的開英種及現在常見經改良的台農 16 號（甜蜜蜜鳳梨）、20 號（牛奶鳳梨）等，可同時比較各品種箇中微妙的差異。

舊時鳳梨罐頭的標籤

🏠 高雄市大樹區復興街 42 號

🚆 台鐵九曲堂站徒步約 3 分鐘

🕐 12:00 ～ 17:30，週末假日 10:30 ～ 18:30

📅 週一

🌐 pineapple-museum.khcc.gov.tw/

地圖　　　　網站

舊鐵橋天空步道

　　橫跨下淡水溪（高屏溪）連接打狗與阿猴的「下淡水溪鐵橋」，連同屏東鐵路工程一起施作，由鐵道技師飯田豐二擔當這項高難度的工程。下淡水溪鐵橋於大正 2 年（1913年）落成，磚砌橋墩，全長 1,526 公尺，是東洋第一大鐵橋。當時的刊物以「宛如彩虹、令人讚嘆的壯觀景象」來形容，橋梁也成為鳳梨工廠包裝採用的圖樣。不過飯田豐二卻因責任心切而積勞成疾，沒能看到鐵橋完成就早一步離世，得年 40 歲。在台灣鳳梨工場附近有一座飯田豐二紀念碑，以感念他的事蹟與貢獻。

　　1987 年台鐵新橋落成，下淡水溪鐵橋也在 1992 年功成身退，正式除役，可惜 2005 年遭遇海棠颱風，鐵橋被狂暴的高屏溪水沖走第 3 座橋墩及 4 座拱形鋼橋架，從此成了斷橋。後來在高雄這一端將鐵橋改造成長逾 3 百公尺的「舊鐵橋天空步道」，在枕木的空隙加裝鋼板，人們可以漫步橋上，欣賞高屏溪與溼地公園的景致，台鐵列車不時從一旁的新橋呼嘯而過，吸引鐵道迷快門聲不斷，是一處結合鐵道歷史與自然生態的景點。

地圖

🏠 高雄市大樹區竹寮路 109 號
🚉 台鐵九曲堂站徒步約 15 分鐘
🕐 全天開放

三和瓦窯

　　距離鐵橋不遠處還有大樹區僅存的「三和瓦窯」，已有百年歷史。以傳統磚窯廠的專業為基底，轉型為磚瓦文創工藝，可在此 DIY 體驗磚瓦小物的製作，感受紅磚特有的溫暖觸感，店家販售的磚製文創商品也讓人愛不釋手。

　　台灣鳳梨工場、舊鐵橋天空步道及三和瓦窯都距離台鐵九曲堂站不遠，也可以利用「大樹祈福線」公車前往，搭車地點就在捷運大東站 1 號出入口外的鳳山轉運站，發車時間規律，是很推薦的交通方式。

地圖

網站

🏠 高雄市大樹區竹寮路 94 號
🚉 台鐵九曲堂站徒步約 15 分鐘
🕐 8:30 ～ 17:00，週末假日 10:00 ～ 17:30
📅 週一
🌐 www.sanhetk.com.tw/

O14 鳳山國中站

Fongshan Junior High School Station

　　捷運鳳山國中站是鳳山最東邊的一座捷運站，再過去就即
將跨越行政區進入大寮，往終點站前進。鳳山是陸軍的大本
營，陸軍官校、步兵學校、中正預校比鄰而立，都位在離捷
運站不遠的地方，這一站也是高雄捷運唯一以「國中」來命
名的車站。穿堂層地面有一件精彩的大型馬賽克磁磚公共藝
術，取名「鳳人緣心」。

原日本海軍鳳山無線電信所 📍

O14鳳山國中站 🚇

📍 黃埔新村

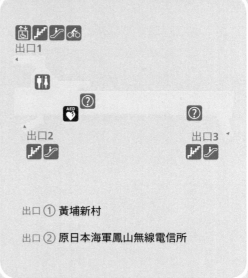

出口 ① 黃埔新村

出口 ② 原日本海軍鳳山無線電信所

原日本海軍鳳山無線電信所

陸軍官校、步兵學校、中正預校等三所軍校平時都戒備森嚴,除非遇到開放日或是舉辦活動,不然沒有機會進入。不過距離捷運站步行不到 10 分鐘路程,還有一處舉世罕見的軍事設施「原日本海軍鳳山無線電信所」,值得前往探訪。

日俄戰爭後,日本海軍聯合艦隊逐漸擴大行動範圍。為能與海上軍艦相互傳遞消息,必須有長距離的無線電通信設備,於是興建三大無線電信所,鳳山是其中之一,另兩座分別是東京近郊的「海軍無線電信所船橋送信所」,以及九州長崎縣佐世保的「針尾送信所」,由此也可以看出高雄在戰略位置上的重要性。

船橋送信所建於 1915 年(大正 4 年),鳳山無線電信所完全比照船橋無線電信所的規模及型式建造,使用設備也全數在日本國內生產,於 1919 年完成,負責南太平洋近海船艦之通信聯繫。整體空間呈現雙同心圓紋理,內圈空間是通信主體建築,有 2 處電信室、辦公廳舍、中心電塔及官兵宿舍;外圈空間興建 18 座鋼骨結構天線副塔,與內圈中心主塔形成龐大的傘狀電波矩陣。

位於九州的針尾送信所則最後完成(1921 年),3 根高達 136 公尺的巨大電波塔組成正三角型區域,型式與前兩處不同。不過船橋送信所已經完全解體,只留下直徑 800公尺彷彿用圓規畫成的圓形區域和道路,鳳山無線電信的內圈建築卻依然完整保存,是見證當代無線電通信技術發展的重要軍事文化遺產,顯得彌足珍貴。

1 | 2 | 3   1. 電信室宛如一座大碉堡 2. 教室及辦公室
3. 電信室內挑高的空間

1 | 2　　1. 第二送信室 2. 彈藥庫

戰後海軍司令部接收這裡並改成「鳳山招待所」，除了用來蒐集情報，也是白色恐怖期間作為審問及拘禁政治犯、思想犯的場所。1962 年改為「海軍訓導中心」，用來收訓心理、生活言行有問題的官士兵，1976 年成立「海軍明德訓練班」，專門負責管束軍中頑劣份子，在軍中人權不彰的年代，一旦被送進這裡就和下地獄沒什麼兩樣，直到2001 年單位裁撤前，圍牆裡面始終籠罩一層神秘面紗。

這處讓外界感到無比好奇的軍事設施，於 2010 年被公告為國定古蹟並開始對外開放，入口依然寫著海軍明德訓練班，一入內是「永遠忠誠」的標語照牆，其實不光這裡，營區內到處都能看到軍方的各種標語。後方有一棟辦公廳舍及教室，磚造房舍單邊有一條長廊，簡潔的線條非常漂亮。

從旁邊的走廊直走就能通往大型碉堡，這裡就是當時無線電信所的核心區域「電信室」（第一送信室）。以紅磚砌成，內部空間寬敞挑高，搭配厚重的鐵門，建築上方覆著一層厚土與植被，彷彿濃綠覆蓋的小山丘，偽裝得相當徹底。大碉堡斑駁的鐵窗和歷經風霜的紅磚，宛如廢墟，如今成了許多攝影者的最愛，穿過電信室，外面還有禁閉室及勒戒室，狹小冰冷的空間讓人感到不寒而慄。

在入口的右後方另有「第二送信室」，建築呈十字型，也同樣蓋得猶如銅牆鐵壁，戰後改名為「海軍鳳山基地發射台」，是唯一維持原短波通信功能的設施。日本的船橋送信所已被政府列為「近代化產業遺產」，彰顯其對情報傳達質與量的提升和對社會變革的重要，保存更為完整的鳳山無線電信所值得政府投注更多資源來守護。

地圖

🏠 高雄市鳳山區勝利路 10 巷
🚇 捷運 O14 鳳山國中站 3 號出入口徒步約 8 分鐘
🕘 9:00 ～ 17:00
📅 週一

1. 黃埔新村
2.3. 以住代護進駐戶

黃埔新村

日本在二戰期間實施南進政策，軍隊就駐紮在現在的陸軍官校，並在周圍建設陸軍官舍，戰後 1947 年底第一批來台的軍方眷屬陸續進駐，成為政府最早設立的眷村之一。黃埔新村內的日式建築原本多為單門獨棟獨戶或雙拼式雙戶，戰後眷戶驟增，原本的空間不足，於是開始分隔或加蓋，日式建築開始融合中式和台式生活樣貌。有別於外面的高樓華廈，黃埔新村依然保留著獨特的時代氣息，吸引許多劇組取景，電影《返校》就有不少場景在此拍攝。

如同台灣各地其他眷村，黃埔新村原本也面臨拆除改建的命運，但由於是台灣第一個眷村，極富保存價值。高雄市文化局以「以住代護，人才基地」計畫，媒合喜愛眷村文化的個人、工作室或團體入住，在不破壞原建築風貌的前提下，讓入住者免費使用空間，也提供修繕補助。如今已有許多個人或團體進駐，包括多間民宿，還有幾間具眷村元素的商家，不但保留了街廓的房舍，也為日漸荒廢的眷村增添許多新的氣息和元素。

地圖

🏠 高雄市鳳山區維武路（陸軍官校對面）

🚇 捷運 O14 鳳山國中站 2 號出入口徒步約 13 分鐘

🕐 依各入住戶而異

天空雲台

舊打狗驛故事館

哈瑪星鐵道文化園區

O1西子灣站

哈瑪星台灣鐵道館

C13駁二蓬萊站

有酒窩的lulu貓

C12駁二大義站

大義公園

禮拜文房具

微熱山丘

大港橋

O1西子灣站　→　舊打狗驛故事館、哈瑪星鐵道文化園區　→　5 min　→　天空雲台　→　7 min　→　哈瑪星台灣鐵道館

大港橋、禮拜文房具、有酒窩的lulu貓、微熱山丘、大義公園　→　C12駁二大義站　→　2 min　→　C13駁二蓬萊站　→　2 min

西子灣站　哈瑪星歷史散步一日遊

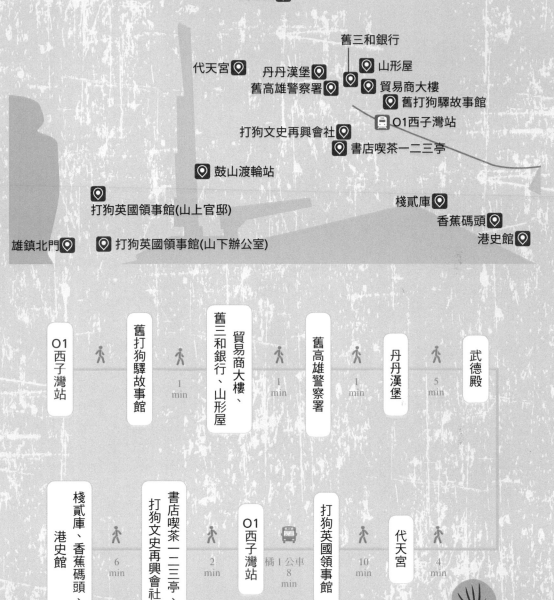

鹽埕埔站 鹽埕歷史散步一日遊

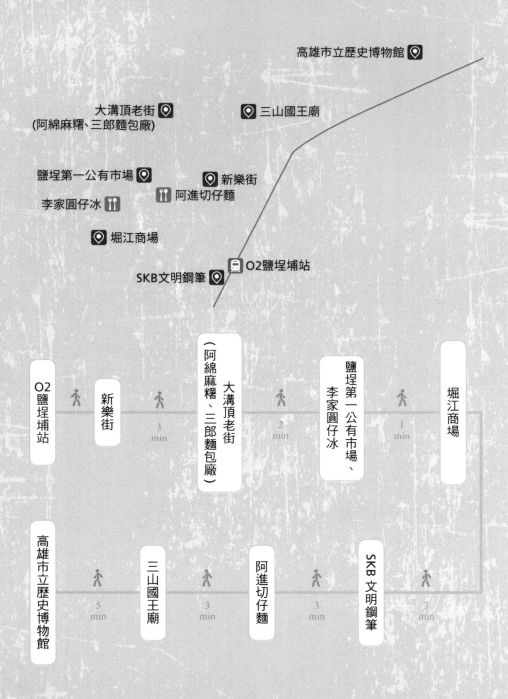

高雄市立歷史博物館

大溝頂老街
(阿綿麻糬、三郎麵包廠)

三山國王廟

鹽埕第一公有市場

新樂街

阿進切仔麵

李家圓仔冰

堀江商場

SKB文明鋼筆

O2鹽埕埔站

O2鹽埕埔站 → 新樂街 → 3 min → 大溝頂老街 (阿綿麻糬、三郎麵包廠) → 2 min → 鹽埕第一公有市場、李家圓仔冰 → 1 min → 堀江商場

高雄市立歷史博物館 → 5 min → 三山國王廟 → 3 min → 阿進切仔麵 → 3 min → SKB文明鋼筆 → 3 min

鹽埕埔站 壽山自然生態一日遊

壽山動物園 📍　　📍 壽山登山口

📍 金馬賓館當代美術館

📍 忠烈祠

📍 Love景觀台

O2鹽埕埔站 🚇

O2鹽埕埔站 ｜ 56號公車 13 min 🚌 ｜ 壽山登山口〜七蔓站〜壽山登山口 ｜ 5 min 🚶 ｜ 壽山動物園

金馬賓館當代美術館 ｜ 5 min 🚶 ｜ 建國四路口站牌下車 ｜ 56號公車 7 min 🚌 ｜ 忠烈祠 &Love 景觀台 ｜ 56號公車 1 min 🚌

市議會站 愛河港灣散步半日遊

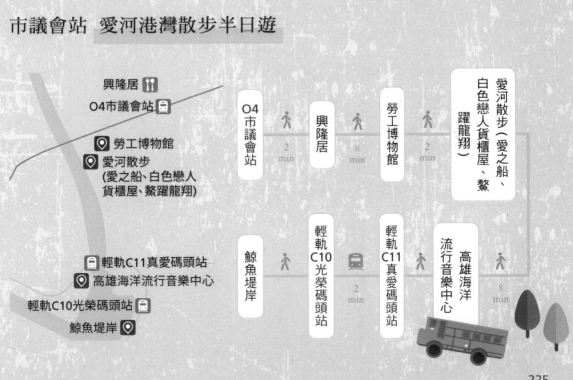

興隆居 🍴

O4市議會站 🚇

📍 勞工博物館

📍 愛河散步
（愛之船、白色戀人貨櫃屋、鰲躍龍翔）

🚉 輕軌C11真愛碼頭站

📍 高雄海洋流行音樂中心

輕軌C10光榮碼頭站 🚉

鯨魚堤岸 📍

O4市議會站 ｜ 2 min 🚶 ｜ 興隆居 ｜ 8 min 🚶 ｜ 勞工博物館 ｜ 2 min 🚶 ｜ 愛河散步（愛之船、白色戀人貨櫃屋、鰲躍龍翔）

鯨魚堤岸 ｜ 🚶 ｜ 輕軌C10光榮碼頭站 ｜ 2 min 🚈 ｜ 輕軌C11真愛碼頭站 ｜ 🚶 ｜ 高雄海洋流行音樂中心 ｜ 8 min 🚶

文化中心站 × 五塊厝站　藝文閱讀半日遊

🍴 迪立印度健康蔬食坊

📍 三餘書店

🚇 O7文化中心站

高雄關帝廟 📍

🚇 O8五塊厝站

武廟市場 📍

📍 高雄市文化中心

🛍 莎士比亞烘焙坊(光華店)

O7文化中心站 → 🚶 3 min → 高雄市文化中心 → 🚶 6 min → 莎士比亞烘焙坊（光華店） → 🚶 11 min → 三餘書店 → 🚶 6 min →

武廟市場 → 🚶 1 min → 高雄關帝廟 → 🚶 5 min → O8五塊厝站 → 🚶 2 min → O7文化中心站 → 🚶 4 min → 迪立印度健康蔬食坊

衛武營站　藝術及自然生態半日遊

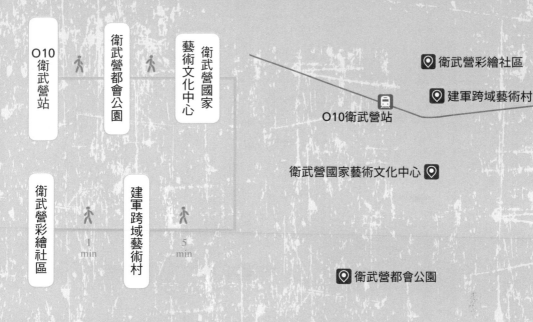

O10
衛武營站 🚶 衛武營都會公園 🚶 衛武營國家藝術文化中心

衛武營彩繪社區 🚶 建軍跨域藝術村 🚶
1 min　　5 min

📍 衛武營彩繪社區

📍 建軍跨域藝術村

🚇 O10衛武營站

衛武營國家藝術文化中心 📍

📍 衛武營都會公園

鳳山西站　澄清湖半日遊

澄清湖 📍
(遊客中心、九曲橋、豐源閣、
辰子飛翔像、富國島、中興塔)

📍 鳥松濕地公園

O11
鳳山西站 🚌 鳥松濕地公園 🚶 澄清湖（遊客中心、九曲橋、豐源閣、辰子飛翔像、富國島、中興塔）
橘12公車 11 min　　1 min

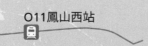

O11鳳山西站

鳳山站 × 大東站　鳳邑歷史散步一日遊

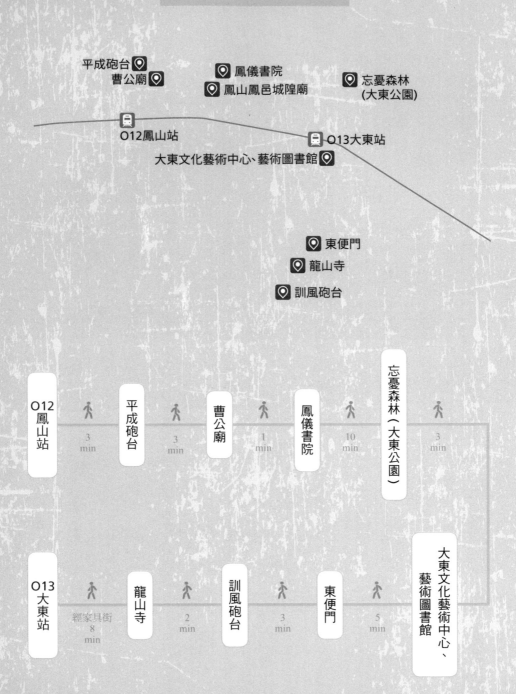

平成砲台 📍
曹公廟 📍

📍 鳳儀書院
📍 鳳山鳳邑城隍廟

📍 忘憂森林
（大東公園）

🚉
O12鳳山站

🚉 O13大東站
大東文化藝術中心、藝術圖書館 📍

📍 東便門

📍 龍山寺

📍 訓風砲台

O12 鳳山站	🚶 3 min	平成砲台	🚶 3 min	曹公廟	🚶 1 min	鳳儀書院	🚶 10 min	忘憂森林（大東公園）	🚶 3 min

O13 大東站	🚶 經家具街 8 min	龍山寺	🚶 2 min	訓風砲台	🚶 3 min	東便門	🚶 5 min	大東文化藝術中心、藝術圖書館

鳳山國中站　日治設施巡禮一日遊

三和瓦窯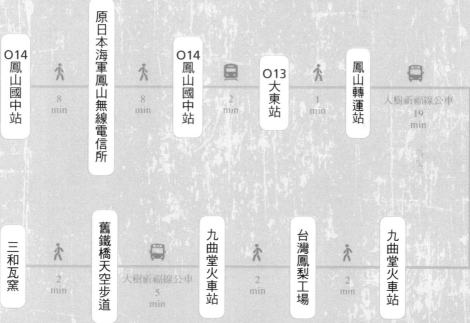
舊鐵橋天空步道
台灣鳳梨工場
九曲堂火車站

原日本海軍鳳山無線電信所

鳳山轉運站
O14鳳山國中站

O13大東站

O14 鳳山國中站	8 min	原日本海軍鳳山無線電信所	8 min	O14 鳳山國中站	2 min	O13 大東站	1 min	鳳山轉運站	大樹祈福線公車 19 min
三和瓦窯	2 min	舊鐵橋天空步道	大樹祈福線公車 5 min	九曲堂火車站	2 min	台灣鳳梨工場	2 min	九曲堂火車站	

高雄輕軌・玩更多

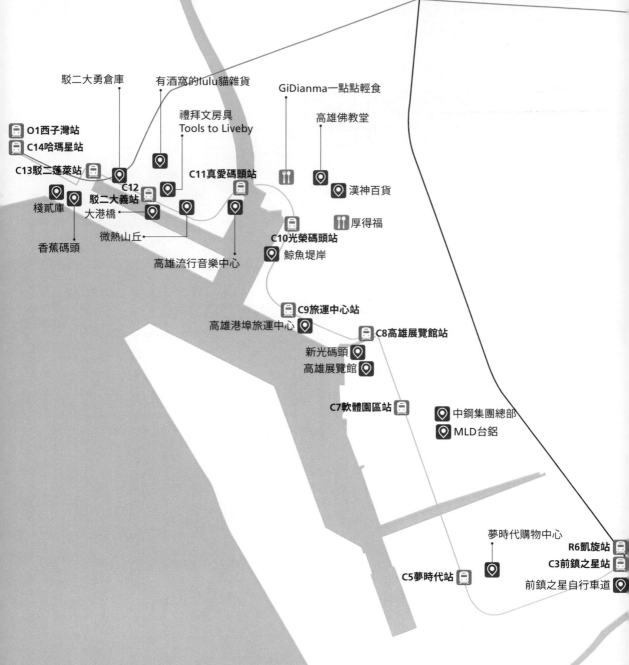

高雄輕軌周邊景點

駁二大勇倉庫　　有酒窩的lulu貓雜貨

O1西子灣站

C14哈瑪星站

禮拜文房具
Tools to Liveby

GiDianma一點點輕食

高雄佛教堂

C13駁二蓬萊站

C12　　C11真愛碼頭站

駁二大義站

漢神百貨

棧貳庫

大港橋

香蕉碼頭

微熱山丘

高雄流行音樂中心

厚得福

C10光榮碼頭站

鯨魚堤岸

C9旅運中心站

高雄港埠旅運中心

C8高雄展覽館站

新光碼頭

高雄展覽館

C7軟體園區站

中鋼集團總部

MLD台鋁

夢時代購物中心

R6凱旋站

C3前鎮之星站

C5夢時代站

前鎮之星自行車道

全國第一條高雄輕軌

　　高雄市政府利用原本台鐵臨港線的部分路段，規劃出一條環狀輕軌路線，以分階段通車的方式，至 2017 年 9 月已完成 C1 ～ C14 約 1/3 個圓的路段，是台灣第一條輕軌，2021 年將陸續延伸到 C14 ～ 20、C32 ～ 37 路段，形成一個 U 字型。高雄輕軌採用無架空線技術，沿途都沒有電纜線，電車搭載超級電容及蓄電池，停靠每個車站時，車頂的集電弓會立刻升起充電，並在 20 秒內迅速完成。目前國際間採用這項技術的系統還不多，因此在通車後，已吸引許多來自世界各地的鐵道迷和專家前來朝聖研究。

　　高雄輕軌第一階段車輛由西班牙 CAF 公司生產，義大利超跑設計公司操刀的電聯車外型流線，行走在馬路上讓高雄多了一幅移動的風景。第二階段是由法國 Alstom 所生產的新世代電車，也在 2020 年 11 月初投入營運，與 CAF 車輛的塗裝相近，僅將駕駛艙玻璃下方改為黑色，車頭線條較為方正，是最容易辨識出差異的地方，車內座椅採用軟質坐墊，也與第一階段的車輛略有不同。兩款車輛都是超低底盤，車廂地板平整，內裝清爽、配色明亮，是非常適合像台灣這樣逐漸邁入超高齡社會所採用的交通工具。

1	2
3	

1. 高雄輕軌第一期車輛由西班牙 CAF 打造 2. 高雄輕軌車廂內部 3. 電車進站後會升弓充電

上下車要自行按鈕

── 乘車方式

上下車要自行按鈕

　　輕軌電車到站後車門不會自動開啟，想要上下車的旅客必須自行按車門的按鈕，這樣的設計可減少不必要的車門開關，同時降低車內冷氣流失。

信用乘車制

　　有別於國內各鐵道系統的收費方式，只比公車亭略大一些的高雄輕軌車站沒有收費閘門，可自由進出，採用的是和許多歐洲軌道系統相同的「信用乘車制度」，也就是乘客搭車需主動刷卡。既然稱為信用乘車，就有賴旅客發揮公德心誠實刷卡了，畢竟好的交通建設需要大家共同支持才能永續經營。為防止民眾逃票，高雄捷運公司還是會不定時派人到車上查票，未持有效票證者，例如無票、持用失效車票或冒用不符身分之車票乘車，一經查獲，除需補繳該趟次車資外，還要支付原票價 50 倍之違約金，可別心存僥倖而因小失大了。

下車不用再刷卡

　　持 4 大公司的電子票的乘客，可在候車時就先感應月台上的驗票機，或是進入車廂後再刷車上的驗票機，下車時不用再次刷卡，以免被重複扣款，如無電子票證亦可在候車區購買紙票。

$\frac{1}{2}$ 1. 車上刷卡機 2. 第二階段 Alstom 生產的新型電車

C3 前鎮之星站
Cianjhen Star Station

前鎮之星自行車道

　　從捷運凱旋站 1 號出入口出站，馬路對面就是輕軌前鎮之星站，車站以倒 L 型的黃、黑、橘三色立柱排列組成，鮮豔的色彩呈現原住民的文化意象。車站上方好像長了一棵白色的樹，猶如藤蔓狀的白色弧型鋼骨往三個方向延伸，是張瑪龍建築師事務所設計的前鎮自行車道，柔和的線條創造出多層次的美感，被譽為高雄最美的自行車道，跨越車流繁多的凱旋四路，提供自行車騎士安全的騎乘路線，精彩的設計也帶給人有別於一般天橋的想像。

地圖

<table>
<tr><td>1</td><td rowspan="2">3</td><td>1. C3 前鎮之星站</td></tr>
<tr><td>2</td><td>2.3. 前鎮之星自行車道</td></tr>
</table>

C5 夢時代站
Dream Mall Station

夢時代購物中心

　　高雄輕軌從 C1 籬仔內站發車後一直沿著凱旋四路往西南方向行駛，接到成功路後一個 90 度大轉彎來到 C5 夢時代站，以一旁「夢時代購物中心」來命名，在此下車的旅客幾乎都是要前往賣場逛街購物的人。

```
1
2 | 3
```

1. 夢時代藍鯨館
2. 夢時代 1F
3. 夢時代賣場空間寬敞

這棟全台灣營業樓板面積最大的購物中心，由美國 CallisonRTKL 建築師事務所設計，賣場由兩大建築組成，前棟猶如一條藍色大鯨魚，稱為「藍鯨館」，由於近年高雄市的跨年晚會都在前方的時代大道舉行，透過實況轉播，即便沒實際來過，應該也會對這獨特的外觀不陌生。諾大的賣場裡，美食街、百貨、影城、書店、展演空間、宴會廳、遊樂場一應俱全，許多人來到這裡一待就是整個下午。

屋頂有一座「恐龍探索樂園」，有 12 項主題設施，最推薦的是「OPEN 摩天輪」，轉動一圈的時間大約 15 分鐘，車廂裡 OPEN 小將會唱歌介紹眼下所見的高雄美景，無論日夜，都有精彩的風景。這座摩天輪由日本頗富盛名泉陽興業株式會社設計監製，與日本橫濱 MM21 及大阪天保山的摩天輪師出同門，可做出超過百種的燈光變化，是南高雄夜晚耀眼的地標。

1 | 2 　1. 星巴克
　　　　2. 屋頂的恐龍探索樂園

地圖　　　網站

🏠 高雄市前鎮區中華五路 789 號

🚈 輕軌 C5 夢時代站徒步約 1 分鐘

🕐 11:00 ～ 22:00，週五及假日前一日至 22:30，週六及連續假日 10:30 ～ 22:30

🌐 www.dream-mall.com.tw/

MLD 台鋁

MLD 台鋁

　　輕軌從夢時代站開始沿著成功路左側筆直行駛，沿途原本都是戲師甲工業區的範圍。
C7 軟體園區站外，一邊是簡稱「高軟」的「高雄軟體園區」，另一邊高聳氣派的建築，
是姚仁喜建築師設計的中鋼集團總部大樓。

　　與中鋼總部僅相隔一條馬路，如同廠房的黑色建築是「MLD 台鋁」。利用原本台鋁
公司的閒置廠房改建成購物商場，範圍涵蓋整個街廓，延伸到中華路那一側與家樂福、
IKEA、好市多等大賣場相鄰，每逢週末假日總是車潮不斷。高雄市歷史博物館館長王御
風在《舊港新灣：打狗港濱戲獅甲》書中為戲師甲工業區的轉變，下了很好的註解：「…
搭配臺灣第一條輕軌捷運，於是『戲獅甲』從以往灰濛濛的『工業區』，變成了流行、
時尚的代名詞，星期假日，人潮再度湧現，只是這次是來休閒購物的年輕男女，而不是
趕著上下班的工人。」

MLD 台鋁順著這樣的發展軌跡，將原本重工業工廠改造成娛樂休閒的場域。以黑色為主色調，展現沉穩典雅的氣息，前棟是美食街及影城，與後棟間隔著中央廊道，幾尊銅雕是藝術家余燈銓的作品，生動逗趣的童年系列作品，讓人看了不禁莞爾。

更長的後棟一樓有自營超市及專做婚禮、宴會的晶綺盛宴，2 樓是書店「MLD Reading」，悉心陳設的空間包含旅遊專區、黑膠音樂、精品文具、攝影暗房、講座活動、閱讀咖啡，無不講究每個細節，打造出愛書人理想的空間，2017 年曾得到 iF 設計獎肯定，可說是高雄最美的書店。書店內還體貼的規劃出舒適的兒童書區，讓家長可以帶著小朋友沉浸在充滿人文氣息的空間，培養閱讀習慣。

$\frac{1}{\frac{2}{3}}$　1.2.MLD Reading
3. 中鋼集團總部大樓

🏠 高雄市前鎮區中華五路 789 號
🚇 輕軌 C7 軟體園區站徒步約 1 分鐘
🕐 11:30 ～ 21:30（各館略有差異，詳官網）
🌐 mld.com.tw/

地圖　　　　網站

C8 高雄展覽館站
Kaohsiung Exhibition Center Station

1 | 2
  | 3

1. C8 高雄展覽館站是拍攝輕軌與 85 大樓最佳地點
2. 高雄展覽館 3. 南館寬敞無柱的超大空間

高雄展覽館

2014 年 4 月「高雄展覽館」（Kaohsiung Exhibition Center，KEC）正式開館，讓高雄終於有了一處世界級的展覽空間。1.6 萬多片鋁複合帷幕單元組成一整個巨大波浪曲面屋頂，搭配正門前方一座大型鯨魚奮力躍身水面的公共藝術，營造出高雄海港水岸的意象，令人一見就印象深刻。

內部分為兩館，其中規模較大的南館挑高 27 公尺、跨距達到 50 公尺，寬敞無柱的超大空間，搭配耐重地板，即便展示的是豪華遊艇或大型機具也完全遊刃有餘，每個月都有大型展覽或會議在此舉辦。兩館間的中央通道兩旁開設眾多餐飲、飲料、便利商店等店家，以滿足參展廠商及看展民眾的需求。

　　高雄展覽館緊鄰高雄 22 號碼頭，又稱「新光碼頭」，有台灣第一座國際級私人遊艇碼頭。展覽館與輕軌車站中間是「星光水岸公園」，大型戲水池旁以 3 根仿吊掛貨櫃機具的「人字臂吊桿」環繞，強化國際商港的意象。

| 1 | 2 |
| 3 | 4 |

1. 星光水岸公園 2. 高雄展覽館門前方大鯨魚
3. 遊艇碼頭 4. 高雄展覽館

地圖　　　網站

🏠 高雄市前鎮區成功二路 39 號

🚇 捷運 R8 三多商圈站 2 號出入口徒步約 10 分鐘；輕軌 C8 高雄展覽館站徒步約 1 分鐘

🕐 依展覽而異

🌐 www.kecc.com.tw/tw/

C9 旅運中心站
Cruise Terminal Station

高雄港埠旅運中心

　　高雄港埠旅運中心是亞洲新灣區的五大建設之一，位於高雄港第 19 及 20 號碼頭，醒目的外觀遠看就像一艘遊輪，透過國際競圖在近百個作品中脫穎而出。由於新型遊輪越蓋越高，建築高達 15 層樓，方便旅客上下船，啟用後將能提供 22.5 萬噸的超大型郵輪靠泊，可服務目前世界最大的國際遊輪。

地圖

C10 光榮碼頭站
Glory Pier Station

高雄流行音樂中心

　　亞洲新灣區中占地最廣的建設非高雄流行音樂中心莫屬，橫跨兩座輕軌站，沿著港灣有 11 公頃土地，由多棟設施組成。西班牙建築團隊設計的建築造型，讓人感受到設計師無窮的創意，輕軌車站旁排了 6 隻鯨魚，取名為「鯨魚堤岸」，是一棟棟獨立場館，能用來舉辦兩百至一千人的小型演唱活動，平日可走到充滿綠意的鯨魚背上方，是眺望港灣的好場所。鯨魚的前方是筆直好走的臨港步道，不採用礙眼的欄杆，而是用白色鋼管界定出休憩空間，兼具安全與美觀；沿著步道就能通往六角型珊瑚礁造型的複合型商業空間。

　　光榮碼頭原稱 13 號碼頭，原本是抽中「金馬獎」要被送往外島服役的役男上船的前哨碼頭，不知曾讓多少人在此淚眼送別，大門口架設拒馬、戒備森嚴的畫面想必許多高雄人仍猶有印象。如今軍方已交出碼頭，圍牆也被推倒，2013 年在碼頭展出荷蘭藝術家霍夫曼（FlorentijnHofman）的黃色小鴨，吸引上百萬人前來朝聖。在高雄流行音樂中心各場館陸續完成後，光榮碼頭的風貌已大幅改變，港灣也變得與人更加親近，那一段生人勿近的軍事重地過往，逐漸成了被淡忘的歷史。

1 | 3
2

1. 鯨魚堤岸
2. 鯨魚的屋頂是最佳展望台
3. 礁群與鯨魚堤岸的 6 棟獨立場館

地圖

網站

🚈 輕軌 C10 光榮碼頭站下車即達
🕙 10:00 ～ 22:00（戶外場域）
🌐 kpmc.com.tw/

漢神百貨

樓高 45 層的漢來大飯店自開幕以來，一直都是高雄具代表性的五星級飯店，有 540 間客房。與飯店結合的漢神百貨公司位於地下 3 樓到 8 樓，在每一層樓正中央都設有四向手扶梯，不用在賣場裡彎繞就能上下其他樓層，提供了有別於其他百貨公司的新體驗，是南部第一間營業額破百億元的百貨公司，曾連續多年蟬聯高雄百貨業的店王，直到近幾年才被分館漢神巨蛋購物廣場超車。2019 年斥資大規模改裝，加強精品的比例，同時引進更多的餐飲櫃位，美食區的空間也變得更加舒適，吸引不少客人回流。

地圖　　　網站

🏠 高雄市前金區成功一路 266-1 號

🚈 輕軌 C10 光榮碼頭站徒步約 7 分鐘

🕐 週一～四 11:00 ～ 22:00、週六及例假日 10:30 ～ 22:30、
　　週五及假日前一天 11:00 ～ 22:30

🌐 www.hanshin.com.tw/tw

高雄佛教堂

位於漢神百貨的正對面,屬佛光山系統。佛堂中央有一凸出高塔,卍字高掛於佛塔上,建築頗具特色,由台灣戰後第一代現代主義建築師陳仁和設計,於 1955 年完成。

陳仁和早年曾在日本早稻田大學求學,就讀建築科,有研究者認為他受到伊東忠太啟發。伊東主張日本建築源流上溯印度,因此採取印度寺廟風格蓋出獨特的「築地本願寺」。高雄佛教堂亦採用印度佛塔的意象,但捨去繁複裝飾,將傳統印度佛教建築形式轉化為現代建築,從側面來看,又帶有西方教堂建築的影子。大殿內部一尊大型佛祖像,陳仁和利用結構堆疊,創造出猶如印度佛教的石窟空間,開創出與台灣傳統佛教建築不同的風格。

地圖

網站

🏠 高雄市前金區成功一路 253 號
🚈 輕軌 C10 光榮碼頭站徒步約 7 分鐘
🕐 8:30 ～ 21:00
🌐 www.fgs.org.tw/branch/?BrID=D51307

食info

GiDianma 一點點輕食
採用日本麵粉現點現作的美味鬆餅

🏠 高雄市苓雅區海邊路 57 號 🚈 輕軌 C10 光榮碼頭站徒步 5 分鐘 🕐 10:00 ～ 17:00 📅 週一 👍 藍莓鬆餅、起司三明治

地圖

厚得福
每天都高朋滿座的人氣北方麵食料理

🏠 高雄市苓雅區成功一路 214 號 🚈 輕軌 C10 光榮碼頭站徒步約 6 分鐘 🕐 11:00 ～ 21:00 👍 捲餅、鮮蝦餛飩麵、絲瓜蝦仁湯包

地圖

網站

C11 真愛碼頭站
Love Pier Station

　　輕軌接下來需跨越愛河，電車在離開光榮碼頭站後加足馬力爬升上橋梁，然後停在高雄輕軌唯一的高架車站 C11 真愛碼頭站。一旁原本台鐵臨港線的舊鐵橋被保留了下來，成為自由通道，台鐵的舊軌道也悉心的用強化玻璃保護著。

　　從車站旁的「海豚步道」可連接高雄流行音樂中心主建築的「高塔」、「低塔」及「室內表演廳」。高低兩塔由大小不一的六角形幾何圖案堆疊組成，仿如海浪拍打岸邊激起的浪花，為高雄港創造出超乎想像的精采天際線，夜晚發出絢爛的燈光，琥珀、藍、紫、粉紅交錯，營造出千變萬化的效果，為愛河更增添浪漫氣息。

地圖

1	2
3	4

1. 夜色中的真愛碼頭站與高雄流行音樂中心 2. 高架的 C11 真愛碼頭站 3. 台鐵臨港線的舊鐵橋 4. 高雄流行音樂中心的高塔與低塔

246

C12 駁二大義站
Dayi Pier-2 Station

　　輕軌電車駛離高架的真愛碼頭站後，沿著大義公園外圍緩緩下降返回路面，C12 駁二大義站就設在大義倉庫群前，從這站開始到 C14 哈瑪星站都是「駁二藝術特區」的範圍。

　　駁二藝術特區簡稱「駁二」，是高雄市政府利用位在高雄港駁二碼頭旁的舊倉庫群，進行閒置空間改造而成的創意文化園區。日治時代台灣製糖株式會社在今第三船渠的駁二碼頭附近，建造為數眾多的倉庫，戰後由台糖接收，因此在許多倉庫上依然能看到台糖的字樣。在台灣糖業興盛的年代，碼頭工人辛勤搬運、接駁船不斷穿梭往來，是駁二全盛時期的景象，但隨著 1970 年代國際糖價下跌，這片倉庫也開始沉寂沒落，逐漸荒廢。

　　2000 年為了尋找國慶煙火施放場地的偶然機緣，高雄市政府發現這一片閒置空間。在地方藝術家的協助下，開始將這裡規劃成文創園區，於 2002 年正式開放，可說是從老舊倉庫蛻變而來的文創場域。由於不斷有新創意注入，範圍也持續擴展，近 10 年已成為高雄最具代表性的觀光景點，現在問在地人推薦高雄有哪裡好玩，相信許多人會不假思索的回答「駁二」。

1	
2	3
	4

1. 日常全景 - 駁二犬 2. 駁二的尿尿小童 3. 輕軌旁廊道逢週末假日都會舉辦市集
4. 駁二有眾多工人及漁婦的彩繪分身

輕軌駁二大義站旁的大義倉庫群,是接在大勇及蓬萊倉庫群之後,最晚成立的區域,然而在輕軌通車,以及大港橋完成的助陣下,人潮已有凌駕前輩的趨勢。這一區共 10 棟倉庫,有 Live warehouse、咖啡、甜點、金工、藝術空間、文具、餐廳、遊樂空間等各種富質感的店家。棟與棟之間形成錯落的小路,藝術作品及各式裝置點綴其間,像是白色貨櫃橋下可實際遊玩的盪鞦韆、「遇見彩虹」的長尾彩虹鳥、「花的姿態」鏤空座頭鯨,每個作品無不讓人感到驚喜。輕軌旁的廊道每逢週末假日都會舉辦市集,更增添在此遊逛的樂趣。

遇見彩虹

大港橋

「大港橋」全長 110 公尺,橫跨高雄港第三船渠,外觀有著貝殼與海豚意象,也像是一艘有著高聳桅杆的帆船。考量船隻進出需求,大港橋的橋面可水平旋轉,只要 3 分鐘就能完成開啟與閉合。建築偵探李清志形容:「白色的美麗身影,有如白色水鳥,與後方的船艦及流行音樂中心建築相呼應,讓高雄港越來越美麗!」

優美的外觀與全台唯一能旋轉的功能,讓大港橋在完工後立刻成了打卡新熱點,許多人專程在下午 3 點前來,就是要欣賞橋面轉動的特殊景象。這座橋梁的落成也大幅拉近駁二與對岸的距離,現在從大義倉庫這一側就能直接通往蓬萊港區及棧貳庫,可節省許多步行時間。

地圖

1 | 2　　1. 大港橋 2. 大港橋每天會定時轉動

```
 1
 2 |3
```
1. 微熱山丘
2. 椅子樂譜
3. 大義公園

微熱山丘

　　鳳梨酥名店在南部唯一門市，位於最東側的倉庫，緊鄰大義公園。以白色船塢作為入口的設計意象，內部空間挑高寬敞，入內隨即有專人引導入座，並奉上熱茶及鳳梨酥，展現慷慨的待客之道，因此假日也總是門庭若市。

　　大義公園裡有一個由上千張國小舊木椅所堆疊起來，名為「椅子樂譜」的公共藝術，既像是座堡壘也像個小迷宮，壯觀的木椅被大樹所環抱，在午後與太陽共同譜出動人的光影，是相當受歡迎的作品。

地圖　　　網站

🏠 高雄市鹽埕區大義街 2-6 號 C11-1 倉庫

🚃 輕軌 C12 駁二大義站徒步約 3 分鐘

🕐 11:00 ～ 19:00

📅 週一、二

🌐 www.sunnyhills.com.tw/

禮拜文房具 Tools to Liveby

　　高雄最美的文具店，以歐洲、美國與日本的文具為主，其中不乏具有悠久歷史的品牌。透過店員的巧手，將看似平凡的文具陳列的如同店家所說「改變桌上的風景」，讓人愛不釋手。禮拜文房具也設計「Tools to Liveby」自有品牌商品，兼具實用與美感，已培養出不少忠實的文具控，獨樹一幟的風格經常吸引日本雜誌報導。

地圖　　　　網站

🏠 高雄市鹽埕區大義街 2 號 C6-10 倉庫
🚈 輕軌 C12 駁二大義站徒步約 2 分鐘
🕐 12:00 ～ 19:00、週末假日 11:00 ～ 20:00
📅 週一、二
🌐 www.toolstoliveby.com.tw

有酒窩的 lulu 貓

　　與禮拜文房具同一排還有一間充滿奇幻風格的雜貨舖「有酒窩的 lulu 貓」。由藝術家木殘開設，展示主人蒐集多年的各種影像與生活用品，豐富多元的收藏品讓店內成為一個奇妙的空間，非常值得探訪。

地圖　　　　網站

🏠 高雄市鹽埕區大義街 2 號 C6-5 倉庫
🚈 輕軌 C12 駁二大義站徒步約 2 分鐘
🕐 13:30 ～ 18:00、週日至 18:30
📅 週一、二
🌐 www.facebook.com/lulucat

C13 駁二蓬萊站
Penglai Pier-2 Station

駁二大勇倉庫

　　逛完大義倉庫，可跳上電車前往下一站，或是沿著輕軌旁的「駁遊路」往大勇倉庫前進。港邊駁二塔對面的雜貨文具店「本東倉庫」，是駁二最受歡迎店家之一，販售插畫家李瑾倫的著作與自創品牌商品。沿途有幾座大型鋼鐵藝術作品，還有張乃文創作的「大紅人的雜物」，關公面對體型大上數倍、呲牙裂嘴的紅色怪獸，手持青龍偃月刀的另一頭竟是拖把，展現藝術家的詼諧與創意。

1
2	3
	4

1. 變形金剛大黃蜂 2. 大紅人的雜物
3. 駁二車站 3D 壁畫 4. 駁二最大咖

駁二特區最早就是從大勇倉庫開始，目前有誠品書店、帕莎蒂娜餐廳、in89駁二電影院等進駐。誠品旁的藝術廣場經常舉辦假日市集，駁二最知名的3D壁畫「駁二車站」也在這裡。這幅已經進化的2.0版作品，由台灣知名的3D噴繪藝術家圖龍創作，牆壁上夢幻的月台停著兩部台鐵列車，輕軌從旁經過，蓮池潭及85大樓也躍然畫上，更有趣的是還有幾隻可愛的貓狗等著大家發現。對面倉庫山牆平台上坐著一對大公仔，取名「駁二最大咖」，藝術家李紀瑩以「一起坐著，什麼也不做」的設計理念，建議大家來到這裡就放慢腳步、好好放鬆。輕軌及舊臨港線軌道旁有一尊變形金剛，是曾在五月天演唱會登場使用的道具，如今也成了駁二的地標。

駁二蓬萊站就設在靠近七賢路口的地方，「工人與漁婦」兩尊超大型公仔守在馬路兩側，宛如門神，輕軌從路中間穿梭而過，馬路的另一頭就是蓬萊倉庫群，一年之中展演活動不斷，哈瑪星台灣鐵道館及駁二線小火車就位在這一區。可順著七賢路往港口方向前往棧貳庫，或是穿過倉庫前的廣場走到弧形的鐵道園區，跟大型旅行箱、鐵球、喇叭、陀螺合照，都是用鋼鐵製作的裝置藝術。晚上以LED燈條裝飾的軌道會閃起流動的繽紛光束，象徵著往昔在上方行走的火車，是台灣少見的大型地景光藝術，也讓駁二成為白天與黑夜都精彩的地方。

$\frac{1}{2}$ / 3

1. 輕軌經過大勇倉庫
2. 駁二誠品書店
3. 漁婦大公仔

網站

駁二藝術特區
🌐 pier2.org/

誠品書店地圖

誠品書店
🏠 高雄市鹽埕區大勇路
3號C4倉庫
🕐 11:00～21:00

C14 哈瑪星站
Hamasen Station

1
2
3

1. 棧貳庫 KW2
2. C14 哈瑪星站
3. 棧貳庫白色旋轉木馬

棧貳庫

　　高雄輕軌第一階路線的終點是 C14 哈瑪星站，緊鄰捷運西子灣站的 2 號出入口，相互轉乘非常方便。順著哈瑪星鐵道文化園區的鐵道尾軌往港口的方向走，經過大型停車場，就能抵達近來高雄港邊的熱門景點：「棧貳庫」。

　　1908 年台灣縱貫鐵路全線通車，這時伴隨著各地現代化製糖廠陸續完工量產，出口貿易越顯重要。4 年後打狗港第一期築港工程完成，進出貨物急遽增加。1914 年日本人在新濱町，也就是現今 2 號碼頭的位置興建 4 棟磚牆瓦頂的倉庫，利用縱貫線鐵路及濱線把要出口的砂糖運到港邊的倉庫存放，再利用海運出港，充分發揮打狗港能海陸聯運的特長。

　　二戰末期高雄港遭受美軍密集轟炸，港口設施嚴重毀損。戰後港務局將原本磚牆倉庫改建為新式倉庫，採用力霸鋼鐵公司製作的鋼架，內部無樑柱是一大特色，可容納三千噸雜貨，1960 年代 1、2 號碼頭鐵道貨運交織，棧貳庫可說是曾與高雄港共同經歷那段高速成長的年代。

1 | 2
1. 可從棧貳庫沿著港邊一路走往大港橋
2. 香蕉碼頭介紹台灣香蕉興盛的過往

棧貳庫在 2003 年被公告為歷史建築，後來經整修活化，將 1,700 坪的老倉庫打造為結合文創、餐飲、展覽的空間。進駐的都是高雄在地知名品牌，加上位於海景第一排的好立地，擁有極佳的港灣景緻，旗後山及燈塔就在正前方，因此在 2018 年 3 月開幕後，旋即成為人氣超高的熱門景點，輪船公司還特別開闢「棧貳 - 旗津」航線，可從這裡搭乘渡輪前往旗津。

其實早期高雄港和高雄人的生活是毫無連結的。1949 年高雄港即以港埠安全需要開始進行管制，陳奕齊形容：「在威權戒嚴的年代中，高雄港四周的圍牆、電眼與崗哨佈署，不僅讓閒雜人等一律退散，甚至完美地在空間上把高雄港從高雄市的地理中切割出去，形成宛如『租界』…」，因此對絕大多數的高雄人來說，高雄港是一種疏離且陌生的存在。如今隨著碼頭開放，港區逐漸變得容易親近，棧貳庫這一側的蓬萊商港區也在 2018 年 12 月解除管制，1-10 號碼頭不再有圍籬阻隔，民眾終於可以自在遊逛。

有一回我在夏至前夕來到這裡，傍晚 6 點天色依然明亮，順著港邊從棧貳庫往 10 號碼頭的方向走，經過「香蕉碼頭」、「高港水花園」、「港史館」，另一邊有大小商船停靠，旗后燈塔轟立在遠方，與 85 大樓遙遙相映，夕陽穿過打狗隙緩緩沒入海平面之前，把我的影子拉的好長，海風拂乾了額頭的汗水。走在這裡，第一次真切感受到高雄港的魅力，眼前所見耀眼的海，彷彿與以前是截然不同的兩個海洋。現在還能直走到棧柒庫左轉步上大港橋，直接連接到駁二的大義倉庫群，是遶巡高雄港的最好方式。

地圖　　　網站

🏠 高雄市鼓山區蓬萊路 17 號
🚆 輕軌 C14 哈瑪星站徒步約 5 分鐘
🕙 10:00 ～ 21:00，週五、六至 22:00
🌐 www.kw2.com.tw/

2AF218

高雄捷運小旅行

在地人才知道的深度漫遊！

沿線迷人風景　巷弄老店　藝術文創　人氣美食

最有意思的散步地圖全提案！

作　　者　Aska
責任編輯　李素卿
主　　編　溫淑閔
版面構成　江麗姿
封面設計　走路花工作室

行銷專員　辛政遠、楊惠潔
總 編 輯　姚蜀芸
副 社 長　黃錫鉉

總 經 理　吳濱伶
發 行 人　何飛鵬
出　　版　創意市集

發　　行　城邦文化事業股份有限公司
　　　　　歡迎光臨城邦讀書花園
　　　　　網址：www.cite.com.tw

香港發行所　城邦（香港）出版集團有限公司
　　　　　香港灣仔駱克道 193 號東超商業中心 1 樓
　　　　　電話：（852）25086231
　　　　　傳真：（852）25789337
　　　　　E-mail：hkcite@biznetvigator.com

馬新發行所　城邦（馬新）出版集團
　　　　　Cite（M）Sdn Bhd
　　　　　41, Jalan Radin Anum, Bandar Baru Sri
　　　　　Petaling,57000 Kuala Lumpur, Malaysia.
　　　　　電話：（603）90578822
　　　　　傳真：（603）90576622
　　　　　E-mail：cite@cite.com.my

印　　刷　凱林彩印股份有限公司
　　　　　2024 年 1 月
　　　　　Printed in Taiwan
定　　價　360 元

客戶服務中心
地址：10483 台北市中山區民生東路二段 141 號 B1
服務電話：（02）2500-7718、（02）2500-7719
服務時間：周一至周五 9：30 ～ 18：00
24 小時傳真專線：（02）2500-1990 ～ 3
E-mail：service@readingclub.com.tw

※ 詢問書籍問題前，請註明您所購買的書名及書號，
以及在哪一頁有問題，以便我們能加快處理速度為您
服務。

※ 我們的回答範圍，恕僅限書籍本身問題及內容撰寫
不清楚的地方，關於軟體、硬體本身的問題及衍生的
操作狀況，請向原廠商洽詢處理。

※ 廠商合作、作者投稿、讀者意見回饋，請至：
FB 粉絲團・http://www.facebook.com/InnoFair
Email 信箱・ifbook@hmg.com.tw

國家圖書館出版品預行編目（CIP）資料

高雄捷運小旅行：在地人才知道的深度漫遊！
沿線迷人風景、巷弄老店、藝術文創、人氣美
食，最有意思的散步地圖全提案！/Aska. -- 初
版 . -- 臺北市：創意市集出版：城邦文化發行，
2024.1
面；　公分

　ISBN 978-986-5534-20-2(平裝)

　1. 旅遊 2. 大眾捷運系統 3. 高雄市

733.9/131.6　　　　　　　　　　　109016042